El búho
que no podía
ulular

ROBERT FISHER   BETH KELLY

El búho
que no podía
ulular

EDICIONES OBELISCO

Si este libro le ha interesado y desea que le mantengamos informado de nuestras publicaciones, escríbanos indicándonos qué temas son de su interés (Astrología, Autoayuda, Ciencias Ocultas, Artes Marciales, Naturismo, Espiritualidad, Tradición) y gustosamente le complaceremos. Puede consultar nuestro catálogo en: www.edicionesobelisco.com

Colección Nueva Consciencia
EL BÚHO QUE NO PODÍA ULULAR
Robert Fisher y Beth Kelly

1.ª edición: febrero de 1999
51.ª edición: marzo de 2024

Título original: *The Owl who didn't Give a Hoot*

Traducción: *Verónica d'Ornellas*
Maquetación: *Carol Briceño*
Diseño de cubierta: *Shimon Coleto*
sobre una ilustración de *Ricard Magrané*

© Herederos de Robert Fisher y Beth Kelly
(Reservados todos los derechos)
© 1999, 2024 Ediciones Obelisco, S. L.
(Reservados todos los derechos para la presente edición)

Edita: Ediciones Obelisco, S. L.
Collita, 23-25. Pol. Ind. Molí de la Bastida
08191 Rubí - Barcelona - España
Tel. 93 309 85 25
E-mail: info@edicionesobelisco.com

ISBN.: 978-48-1172-093-9
DL B 2197-2024

Impreso en los talleres gráficos de Romanyà/Valls S. A.
Verdaguer, 1 - 08786 Capellades - Barcelona

Printed in Spain

El Búho que no podía ulular

Mamá Búho descansaba sobre la rama de un árbol en el bosque. Junto a ella se encontraba Bebé Búho. Era su primer hijo; hacía cuatro semanas que había salido del cascarón y ahora ella lo contemplaba con orgullo.

Papá Búho estaba sentado sobre una rama cercana y miraba a su hijo con el mismo orgullo. Era un gran momento en las vidas de los tres búhos, porque Mamá Búho y Papá Búho se disponían a enseñar a su hijo a ulular.

Mamá Búho se aclaró la garganta para atraer la atención de su pequeño hijo y dijo:

—Who.[1]

Bebé Búho se dio un buen susto pero no contesto nada. Mamá Búho volvió a aclarar su garganta y repitió «Who». Bebé Búho la miró con ojos interrogadores.

Papá Búho sacudió las alas impaciente y pronunció las siguientes palabras:

—Repite con tu madre, hijo. Di «Who».

---

1. *Who*, en inglés, significa «quien» y se pronuncia «Ju».

Bebé Búho miró desconcertado a su padre, primero, y a su madre, después. Mamá Búho y Papá Búho dijeron juntos:

—Who.

Bebé Búho abrió la boca e inspiró profundamente, mientras Mamá y Papá escuchaban expectantes. Bebé Búho pronunció:

—Why?[2]

Mamá Búho y Papá Búho miraron desconcertados a Bebé Búho.

—¿Por qué? –repitieron.

Bebé Búho asintió:

—Sí, ¿por qué?

—Porque eso es lo que dice un búho… Who –Mamá Búho replicó.

—¿Por qué? –respondió Bebé Búho.

Papá Búho, un tanto pasmado por esta conversación, farfulló:

—Porque… eh… eso es lo que han venido diciendo los búhos desde hace cientos de años.

—¿Por qué? –intervino Bebé búho.

Papá Búho se volvió hacia Mamá Búho y comentó bruscamente:

—¿Cómo has podido darme un hijo así?

—¿De qué te quejas? Yo estuve empollando ese huevo durante tres semanas –respondió Mamá Búho impaciente. Y se volvió hacia Bebé Búho–: A ver, quiero oírte decir «who».

---

2. *Why*, en inglés, significa «¿por qué?» y se pronuncia «Uai».

Bebé Búho miró primero a Mamá Búho y, luego, a un ceñudo Papá Búho, y decidió intentarlo una vez más. Inspiró profundamente, frunció el pico de diferentes maneras y se esforzó por emitir el sonido «who», pero no le salía. Todo lo que era capaz de decir se limitaba a «why».

Papá Búho se estaba poniendo cada vez más nervioso.

—Mira, niño, no puedes ir volando por este bosque diciendo «por qué».

—¿Por qué? –quiso saber Bebé búho.

—Porque tienes que decir «who». «Who» es quien eres –parpadeó Mamá Búho.

Todo lo que Bebé Búho fue capaz de pronunciar fue «¿Por qué?».

—Porque soy tu padre y yo digo «who» y tú vas a decir «who» ahora mismo –contestó Papá Búho con brusquedad.

Bebé Búho contempló el amenazador bulto de plumas que era su padre, inspiró profundamente y se esforzó una vez más por emitir el sonido, pero todo lo que salió fue: «Why?».

Mamá Búho y Papá Búho se miraron horrorizados.

Una vez a la semana, los búhos celebraban un encuentro. Esa noche, todos los búhos se habían reunido para decir cosas sabias. El miembro más anciano del grupo encrespó sus plumas, inspiró hondo y dijo la primera cosa sabia de la noche:

—Arriba está alto, abajo está bajo; por tanto, el medio está entre los dos.

9

Todos los demás búhos susurraron, murmuraron e hicieron exclamaciones de asombro ante la profundidad de esta sabiduría. Luego batieron las alas en un aplauso.

El búho veterano inclinó la cabeza con humildad. Entonces, todos los búhos, uno a uno, fueron diciendo algo sabio.

—Más vale búho en mano que dos en un arbusto.

—Búho que está bien, acaba bien.

Y así sucesivamente.

Cuando acabó la reunión, algunas de las señoras búho, vestidas con sus mejores plumas, volaron hacia Mamá Búho. Una de las damas le dijo:

—Felicidades por tu recién nacido, Mamá Búho.

—¿Cómo es? —se interesó otra señora.

—Bueno, es… diferente —Mamá Búho vaciló.

Otra señora búho se unió a ellas y dijo:

—Tenía la esperanza de que lo trajeras a la reunión.

—No… eh… todavía no está preparado —replicó Mamá Búho nerviosa.

—¿Por qué? —quiso saber una de las señoras búho. Mamá Búho casi se despluma.

—Por favor, no pronuncie esa palabra —repuso, y se alejó volando mientras las demás señoras búho la miraban perplejas.

Las dos semanas siguientes fueron muy duras para Mamá Búho y Papá Búho. Se pasaron todas las noches diciendo «Who» para Bebé Búho. Pero por mucho que el pobre Bebé Búho lo intentara, todos sus «who» acababan siendo «why».

Transcurridas estas dos semanas, Mamá Búho y Papá Búho estaban tan roncos que a ellos mismos les costaba decir «who».

Mamá Búho miró a Bebé Búho con cansancio.

—La ceremonia mensual de bienvenida a todos los nuevos bebés búho tendrá lugar esta noche y tú sólo eres capaz de decir «why» –Papá Búho asintió.

—Tienes que decir «who» como todos nosotros.

—Why? –preguntó Bebé Búho.

Esa noche, con gran turbación, Mamá Búho y Papá Búho llevaron a Bebé Búho a la reunión de la comunidad. Se sentaron sobre una rama con los demás pájaros y escucharon las palabras del líder, el Viejo Búho Sabio.

—Y ahora es el momento de daros la bienvenida en la comunidad a todos vosotros, pequeñines. Todos tenéis edad suficiente ya para hablar como búhos, de modo que vamos a escucharos.

Todos los búhos bebés inspiraron profundamente, batieron las alas y, ante la orgullosa mirada de sus padres, dijeron: «Who». Todos excepto Bebé Búho, que pronunció: «Why?».

El búho veterano no se creía lo que acababa de oír. Mamá y Papá Búho agacharon la cabeza avergonzados.

El búho veterano miró con detenimiento a todos los pequeños.

—Bueno, todos sabemos que un búho tiene que decir «who». ¿Quién está diciendo «why?»? Bebé Búho levantó el ala. El búho veterano voló a su lado. Se volvió hacia Mamá Búho y Papá Búho.

—¿Por qué está diciendo «why?» –les preguntó.

—Por favor, perdónele, oh, sabio. Es muy joven y le está costando mucho decir «who» –se excusó Mamá Búho temblorosa.

El Búho Sabio miró sorprendido a Bebé Búho.

—¿Cómo es posible que te cueste decir «who».

—Why? –repitió Bebé Búho.

El Viejo Búho Sabio miró a Bebé Búho, cada vez más irritado. Se volvió hacia Mamá Búho y Papá Búho.

—Siento mucho tener que darles esta mala noticia, pero no podemos admitir en el grupo a un búho que diga «why» porque todos los búhos han de decir «who».

Mamá Búho y Papá Búho parpadearon, mirándose desesperados. Sabían lo que el sabio diría a continuación.

—Me temo que tendrá que abandonar el bosque.

—¿No podría darle más tiempo? –preguntó Mamá Búho con gran aflicción.

—¿Un mes más? –pidió Papá Búho.

—Me temo que no. –El búho veterano negó con la cabeza–. Cuando digo algo sabio, me pone muy nervioso oír a alguien que pregunta «why?».

Dicho esto, se alejó volando; dejaba a una Mamá Búho, un Papá Búho y un Bebé Búho destrozados. Mamá Búho dijo:

—Por favor, hijo, sé que permitiría que te quedaras si fueras capaz de decir «who».

—Vamos, hijo, dilo –Papá Búho se unió a ella.

No queremos perderte.

Bebé Búho estaba muy triste. Inspiró profundamente y se esforzó por conseguir un «who», pero sólo obtuvo un «why?».

A Bebé Búho no le quedaba otra alternativa. Tenía que abandonar a Mamá, a Papá, a los otros búhos y el bosque que tanto amaba para salir a ese extraño y aterrador lugar llamado… el mundo.

Las lágrimas brotaron de los enormes ojos de los tres búhos mientras se despedían. El Bebé Búho echó andar por un sendero que conducía a quién sabe qué lugar.

Miró atrás y vio que Mamá y Papá Búho le decían adiós con tristeza desde los lindes del bosque. Una sensación de soledad se apoderó de su pequeño corazón emplumado.

Extendió las alas y se elevó al cielo para iniciar una nueva vida. Aunque Bebé Búho no sabía decir «who», era muy búho en el resto de costumbres. Dormía durante el día y volaba por la noche.

Su viaje lo llevó hasta una granja. Aterrizó sobre la cerca de un corral. Estaba hambriento, por lo que pensó que quizás podría comerse un lindo pollito como tentempié. Lo sobresaltó la voz de alguien que estaba detrás de él.

—Yo no intentaría atrapar a un pollo para cenar aquí.

Se volvió y vio a un precioso y joven pato. El pato llevaba una pequeña maleta bajo un ala.

—El granjero tiene mucha puntería con la escopeta –añadió.

—Muchas gracias –dijo Bebé Búho–. Me has salvado la vida.

El joven pato suspiró.

—Bueno, me alegro de que por fin alguien me aprecie.

Bebé Búho señaló la maleta del pato.

—¿Te vas de viaje?

—Sí —replicó el joven pato con tristeza—. Me voy para siempre.

—Why? —quiso saber Bebé Búho.

—¿No deberías decir «who? —preguntó el pato.

Bebé Búho asintió.

—No sé decir… —Se esforzó desesperadamente por conseguir la palabra, pero no lo logró—. Por mucho que lo intento, siempre me sale «why». No te imaginas el problema tan grande que eso me ha supuesto.

El pato contempló a Bebé Búho con interés.

—Tenemos algo en común. Yo no soy capaz de pronunciar lo que se supone que un pato ha de decir.

—¿No sabes decir «cuac»?[3] —inquirió Bebé Búho cada vez más sorprendido.

—Así es. —El pato asintió—. Por mucho que me esfuerzo, no me sale. —Inspiró profundamente y, con un gran esfuerzo, dijo:

—Cuic.

Bebé Búho estaba muy emocionado.

—¡Qué casualidad que nos hayamos conocido! Ninguno de los dos es capaz de decir lo que se supone que debe decir.

El pato meneó la cabeza contrariado:

—Es una lata, ¿verdad? Bebé Búho asintió.

—Los demás búhos me han echado.

Esta vez fue el pato el que empezó a emocionarse.

—Eres como un hermano. A mí también me han expulsado. Nadie más en la comunidad quería a un pato

---

3. *Quack*, en inglés, significa «matasanos» y se pronuncia «cuac».

que decía «cuic» en lugar de... –Se esforzó por decir la palabra, pero no lo consiguió.

—Cuac. –Bebé Búho acabó la frase por él.

El pato asintió, feliz de encontrar a alguien que había pasado por una experiencia similar a la suya.

—Ayer todos los patos me expulsaron.

—Supongo que somos aves de una sola pluma –dijo Bebé Búho. Se rio con ganas de su propio chiste.

El pato lo miró fijamente:

—Te lo advierto: no soporto esos chistes de mal gusto.

—Lo siento. Es que no he podido evitarlo... –Bebé Búho sonrió– Bueno, si no puedes vivir aquí, ¿adónde irás?

—A la ciudad. Te voy a confesar algo que no le dicho nunca a nadie. Quiero ser médico –replicó el pato.

Los ojos de Bebé Búho se hicieron más grandes.

—Entonces, es mejor que no puedas decir «cuac». –Soltó una risita.

—Ya te lo he advertido: no me gustan esos chistes de mal gusto. –El pato lo miró fijamente.

Bebé Búho no deseaba perder al único amigo que tenía, de modo que se disculpó rápidamente:

—Lo siento, esta vez tampoco he podido contenerme, pero te prometo que no volverá a pasar en el futuro.

—¿Crees que tenemos futuro? –inquirió el pato.

—Perdona que lo repita, pero somos aves de una sola pluma. Y ahora que nos hemos encontrado, sería una pena que nos separásemos –replicó Bebé Búho.

El pato asintió y señaló su maleta.

—Me marcho a la ciudad, Bebé Búho.

Dicho esto, echó a andar por la carretera.

Bebé Búho corrió tras él.

—No sé qué hacer con mi vida… ¿No podría ser yo también médico? De modo que partieron juntos, ala con ala. El pato le dijo a Bebé Búho que había oído al hijo del granjero contar emocionado a sus padres cuánto le gustaba estudiar medicina en la Universidad. Bebé Búho afirmó que él nunca había estudiado nada, así que podría ser una buena experiencia.

Aunque tanto Bebé Búho como el pato tenían en mente la misma carrera, se encontraron con el problema de que ninguno de los dos sabía cómo llegar a la universidad. Pronto se cansaron de andar.

El pato quería ir a la ciudad nadando por el río, mientras que el búho bebé quería volar, pero únicamente por la noche. De modo que se pusieron de acuerdo: el pato nadaría durante el día y el búho bebé lo alcanzaría por la noche. Así llegaron hasta la universidad.

—Ahora que ya estamos aquí, ¿qué hacemos? –preguntó Bebé Búho.

—El hijo del granjero dijo que lo primero que hay que hacer es inscribirse –replicó el pato.

De modo que subieron por la escalinata del edificio de la administración y entraron.

En el vestíbulo vieron a una mujer de aspecto severo sentada detrás de un mostrador en el que se leía el rótulo «INSCRIPCIONES». Se acercaron al mostrador y Bebé Búho le dijo que el pato y él querían ser médicos.

—¡Médicos! –La mujer se sobresaltó.

—Sí –replicó Bebé Búho y, señalando al pato, añadió–: Y, por favor, no le pida que pronuncie «cuac» porque no sabe decirlo.

La mujer parecía desconcertada.

—Debo decir que nunca hemos tenido a un búho y a un pato como alumnos en la Facultad de Medicina.

—¿Significa eso que no nos aceptará? –preguntó Bebé Búho.

La mujer reflexionó durante un momento y luego dijo:

—Que yo recuerde, no hay ninguna regla en la universidad que diga que un búho y un pato no pueden ser médicos. No obstante, antes de matricularos he de comprobar vuestros certificados.

—¿Eso qué es? –preguntó el pato.

—Es un papel en el que pone en qué escuelas habéis estudiado –replicó la mujer.

—¿Tenemos que ir a otras escuelas antes de venir a ésta? –preguntó Bebé Búho.

—Sí. –La mujer asintió–. Tenéis que ir a preescolar, luego a la escuela primaria y después a la escuela secundaria.

—Why? –preguntó Bebé Búho.

—Porque eso es lo que hace todo el mundo –contestó la mujer.

—Why? –preguntó una vez más Bebé Búho. La mujer se estaba empezando a exasperar.

—Porque ésas son las reglas.

—¿Why? –insistió Bebé búho.

La mujer se estaba poniendo cada vez más nerviosa.

—Porque todos tenemos que vivir según ciertas reglas.

—¿Pero no sería más divertido que viviéramos sin normas? La mujer estaba un tanto desconcertada.

—¿Divertido? ¡Nadie hace las cosas porque sean divertidas! El pato tapó rápidamente la boca de Bebé Búho con su ala antes de que éste volviera preguntar por qué.

—Si fuésemos primero a todas esas escuelas, ¿cuánto tiempo tardaríamos en convertirnos en médicos? La mujer pensó un momento.

—¡Oh! Unos... treinta y dos años.

Bebé Búho y el pato se quedaron pasmados.

—No puedo ser médico. No creo que un pato viva tantos años –dijo con tristeza.

Bebé Búho y el pato descendieron bastante perplejos por la escalinata de la universidad, pensando qué podían hacer con sus vidas tras este cambio de planes.

Ninguno de los dos había estado antes en la gran ciudad, de modo que decidieron ir a verla. Quizá allí podrían encontrar alguna pista que les indicara por dónde seguir.

Se quedaron boquiabiertos cuando se hallaron ante los innumerables rascacielos y los ruidosos automóviles, cuyos cláxones no paraban de sonar. Se detuvieron para observar a las multitudes que marchaban calle arriba y calle abajo apresuradamente.

—Me gustaría saber adónde van todas estas personas –exclamó Bebé Búho.

—Vamos a preguntárselo –dijo el pato.

Bebé Búho asintió expresando su conformidad. Detuvo a una mujer que pasó cerca de él.

—Perdone, señora, ¿adónde va?

—A trabajar –replicó la mujer.

—Why? La mujer se quedó un tanto perpleja ante la pregunta.

—¿Que por qué?… Para ganar dinero, por eso.

—Why? –volvió a preguntar Bebé Búho.

—Para ganar suficiente dinero y así dejar de trabajar –replicó la mujer con impaciencia.

La mujer se alejó con prisas.

—Esto no tiene mucho sentido –dijo Bebé Búho.

El pato estuvo de acuerdo.

—Tampoco tiene sentido ir a la escuela durante treinta y dos años para convertirse en médico.

Bebé Búho se quedó pensativo.

—Bueno, tenemos que hacer *algo* para convertirnos en *alguien*… quizás, si habláramos con algunas de estas personas, ellas podrían estar haciendo *algo* que a nosotros nos gustara hacer.

El pato estuvo de acuerdo, de modo que pararon a un hombre que no parecía tener tanta prisa como los demás.

—Perdone, señor, ¿a qué dedica su tiempo? –preguntó Bebé Búho.

—A evitar a mi mujer –replicó el hombre. Y continuó su camino.

—No creo que podamos hacer una carrera de eso –dijo el pato. Se volvió para dirigirse a una mujer atractiva y bien vestida que venía hacia ellos–: Perdone, señora, ¿qué clase de trabajo hace usted?

—Soy secretaria –replicó la mujer.

—¿Y eso resulta divertido? –preguntó Bebé Búho.

—Sólo cuando estoy de vacaciones –contestó la mujer. Y se marchó con mucha prisa.

—Bueno –dijo el pato–, por fin hemos averiguado una cosa: las vacaciones son más divertidas que el trabajo. –El pato movió la cabeza de lado a lado–. Me temo que uno ha de trabajar para poder irse de vacaciones.

—Why? –quiso saber Bebé Búho.

—Según la primera mujer, tenemos que ganar dinero.

—Pero si ganar dinero no es divertido, ¿por qué hemos de hacerlo? –volvió a preguntar Bebé Búho.

El pato movió la cabeza confundido, y contestó:

—Pues no lo sé muy bien.

Pararon a otra mujer que bajaba por la calle.

—Perdone, señora, ¿usted trabaja? –preguntó Bebé Búho.

—Constantemente. Soy madre –respondió la mujer.

—¿Y se divierte? –preguntó el pato.

—Ahora no, pero ya verás cuando mis hijos hayan crecido –contestó la mujer.

Bebé Búho y el pato miraron a la mujer con extrañeza; no entendían nada. Se dirigieron a un parque cercano, se sentaron y repasaron lo que habían aprendido hasta el momento. El pato, que era muy organizado, sacó un pequeño cuaderno de su maleta, se puso las gafas y empezó a tomar nota.

—Todo es muy confuso –dijo Bebé Búho–. Nadie parece divertirse trabajando a menos que estén de vacaciones.

El pato escribía rápidamente, asentía y volvía a anotar en su cuaderno.

—Y las madres no se divierten hasta que sus hijos han crecido.

—Apuesto a que los médicos no se divierten mucho. Cuando por fin empiezan a trabajar ya se ha pasado media vida –añadió Bebé Búho.

Levantaron la mirada al ver que una mujer con un carrito lleno de todo tipo de trastos se sentaba junto a ellos. Parecía una persona diferente a las que habían visto hasta el momento, así que pensaron que quizá ella les daría unas respuestas distintas.

—Perdone, señora, ¿qué tipo de trabajo hace usted? –preguntó Bebé Búho.

La mujer sacó una manzana de su carrito, la mordió, masticó un rato y luego dijo:

—Soy mendiga.

El pato parecía intrigado.

—¿Hace falta ir a la escuela para ser mendiga o cualquier persona puede hacerlo? La mendiga los miró fríamente.

—¿Vosotros quiénes sois? ¿Unos listillos?

—No, yo soy un búho bebé –dijo Bebé Búho.

—Y yo soy un pato –repuso el pato.

—Eso es evidente… incluso para una vieja como yo. –Se ablandó un poco– No era mi intención ser desagradable, es que estoy disgustada… Me han retirado la asistencia social.

—¿Qué es la asistencia social? –preguntó Bebé Búho.

—Es un dinero que te dan por no trabajar –replicó la mendiga.

El pato y Bebé Búho parecían estar aún más confundidos. El pato se volvió hacia la mujer de las bolsas y le preguntó:

—¿Le pagan a uno por no trabajar?

La mujer asintió.

—Quizá ésa debería ser nuestra carrera –dijo Bebé Búho.

—No os lo recomiendo –repuso la mendiga–. El Gobierno os puede quitar la asistencia social en cualquier momento.

—¿Por qué se la quitaron a usted? –preguntó el pato.

La mendiga encendió un cigarrillo y dijo:

—Porque mentí acerca del número de hijos que tengo.

—¿Cuántos hijos tiene? –quiso saber Bebé Búho.

—Ninguno –replicó la mendiga. Se puso de pie y se alejó.

El pato realizó más anotaciones en su cuaderno: «Es un mundo extraño. Consigues dinero por trabajar pero también consigues dinero por no trabajar».

El pato cerró su cuaderno bruscamente y se lo puso debajo del ala.

—Quizás lo divertido sea *gastar* el dinero. Busquemos algo que hacer que nos dé mucho dinero que gastar.

El rostro de Bebé Búho se iluminó.

—Eso me parece una idea brillante.

El pato ahuecó sus plumas.

—Es una idea brillante… porque yo soy un pato brillante.

Una adolescente muy mona apareció por el camino paseando a su perro. El pato la detuvo.

—Perdona, jovencita, ¿quién dirías tú que gana más dinero?

—Las estrellas de cine —replicó la adolescente sin pensárselo dos veces y siguió su camino.

—¿Adónde hay que ir para ser una estrella de cine? —gritó Bebé Búho para que lo oyera.

La chica miró por encima de su hombro hacia atrás y contestó, también a voz en grito:

—¡A Hollywood! —Y así fue como el búho bebé y el pato acabaron entrando en la recepción de un importante estudio de Hollywood. Ambos estaban decididos a convertirse en estrellas de cine. El vigilante que había detrás del mostrador levantó la vista y les preguntó:

—¿En qué puedo ayudarlos?

—Queremos ser estrellas de cine —contestó el pato.

El vigilante rió entre dientes.

—Estáis bromeando.

—No, no es una broma; al parecer, se gana mucho más dinero con esto que siendo mendigo —dijo Bebé Búho moviendo la cabeza muy serio.

El vigilante rio.

—Desde luego, no os falta sentido del humor. Os diré lo que tenéis que hacer, chicos: tenéis que encontrar a un representante.

—¿Qué es un representante? —preguntó el pato.

—Un representante es una persona que te consigue trabajo en las películas —aclaró el vigilante.

—¿Cómo conseguimos a un representante? —preguntó Bebé Búho.

—Primero hay que conseguir un trabajo en el cine. Cuando el agente os vea trabajando, estará dispuesto, a su vez, a trabajar para vosotros.

Bebé Búho y el pato parecían desconcertados:

—¿Tenemos que conseguir un trabajo para conseguir que una persona nos consiga un trabajo?

—Así es el negocio. –El oficial se encogió de hombros.

Bebé Búho se volvió hacia el pato y le dijo:

—Creo que estamos siguiendo la carrera equivocada.

Durante las semanas siguientes, Bebé Búho y el pato conversaron con todos aquellos que estuvieron dispuestos a hablar con ellos. Preguntaron a la gente acerca de cómo vivía, pero cuantas más respuestas recibían, más confundidos se quedaban. Llegaron a la conclusión de que la gente trabajaba muchísimo… que casi nadie se divertía, excepto los días en que no trabajaban. Y todos estaban trabajando para poder tener coches, casas y piscinas en California. Al búho bebé y al pato les pareció que debía de ser agradable disfrutar de esas cosas.

Entonces descubrieron que no todas las personas las tenían. Los bancos eran los dueños de las casas y las piscinas, mientras que las compañías financieras eran propietarias de los coches. Y la mayoría de las personas estaban constantemente preocupadas por no tener dinero suficiente para realizar los pagos y perder todas esas cosas que no poseían.

Además, cuando el pato y el bebé búho preguntaban a las personas acerca del propósito de este peculiar estilo de vida, éstas se disgustaban mucho y querían saber por qué un búho estúpido y un pato tonto se creían con derecho a interrogarlas.

Un día, exhaustos tras las largas encuestas, el búho bebé y el pato se sentaron en un banco del parque.

El pato masticaba las palomitas de maíz que sacaba de una bolsa y el búho bebé comía una salchicha que tenía pinchada en un palo. El pato, con las gafas puestas, hizo unas últimas anotaciones en su cuaderno. Levantó la vista.

—En cuatro días, me han llamado pato tonto ciento cincuenta y tres veces.

—A mí, la gente me dice que deje de hacer esas preguntas estúpidas y que me limite a ser un búho como todos los demás.

—Veo que te estás acostumbrando a las salchichas –dijo el pato.

Bebé Búho asintió.

—Preferiría comerme un buen ratón, pero la salchicha es lo más parecido que he encontrado. Reconozcámoslo: un ratón también es comida basura.

El pato volvió a examinar sus notas.

—Hasta el momento, hemos hablado con novecientas cuarenta y siete personas. Todas trabajan para conseguir dinero y ninguna se divierte.

—Excepto cuando lo gastan –añadió Bebé Búho.

—Así es –dijo el pato.

—Cada vez que les preguntaba por qué no cambiaban de trabajo –continuó Bebé Búho–, las personas me contestaban que siempre habían estado haciendo eso o que no sabían hacer otra cosa.

El pato volvió a mirar sus anotaciones.

—Doscientas veintitrés personas dijeron que trabajaban con ordenadores. Todavía no sé muy bien qué es un ordenador.

—Imagino que debe tratarse de una máquina que piensa para que las personas no tengan que hacerlo –dijo el búho bebé.

El pato se quedó pensativo.

—Estos ordenadores parecen casi humanos. Me pregunto si acabarán teniendo automóviles, casas y piscinas.

Después volvió a leer su cuaderno.

—Setecientas treinta personas dijeron que les daba miedo cambiar porque se sentían seguras haciendo lo de siempre… incluso aunque no les gustaba.

—Supongo que si todas estas personas fuesen patos graznarían en lugar de dejar que las echaran del corral –gruñó Bebé Búho.

—Y si fuesen búhos, hubiesen dicho «who», incluso aunque hubieran querido decir «why». –El pato asintió.

—Debo admitir que sin los demás búhos a menudo me siento solo – confesó Bebé Búho. Luego añadió apresuradamente–: No me malinterpretes: no estoy diciendo que tú no seas un buen amigo.

—Lo comprendo –replicó el pato–. Yo también me siento solo sin los otros patos de mi corral. El Bebé Búho suspiró.

—A veces siento deseos de dejar de decir «why» y de aprender, de alguna manera, a decir… –Se ahoga cuando intenta pronunciar esa palabra–. «who» para regresar y vivir en paz con los demás búhos.

Ahora le tocó suspirar al pato.

—Durante la última semana he estado intentando pronunciar «cuic».

Cuando lo dijo, le salió casi como un «cuac». Nunca había pronunciado un «cuic» tan cercano a un «cuac».

—Lo has dicho… ¡casi lo has dicho! –exclamó Bebé Búho emocionado.

—Me ha costado mucho trabajo; cada vez que lo intento estoy a punto de ahogarme –replicó el pato.

—¿Te das cuenta de lo que estamos diciendo? –Bebé Búho comentó un poco deprimido.

—Deberíamos –contesto el pato– volver a ser como todo el mundo.

Entonces, repentinamente, se oyó la voz de un hombre, que parecía venir de todas partes… y de ninguna.

—¡No lo hagáis! –les dijo la voz.

Miraron a su alrededor, pero no vieron a nadie. Era escalofriante. El pato habló tímidamente:

—Tú, a quien no podemos ver, ¿sigues ahí? Entonces volvieron a oír la voz, que les decía:

—Por supuesto que estoy aquí. Venid al Museo de Arte de la Historia Americana esta noche y hablaremos.

El pato y Bebé Búho se miraron maravillados.

¿Se habían imaginado esa voz? No, ambos la habían oído. El pato fue quien primero se recuperó.

—¿Crees que deberíamos ir esta noche?

—Esa voz parecía ser capaz de responder a muchas de las cosas que no comprendemos –replicó Bebé Búho, y añadió–: A voz regalada, no le mires el diente.

El pato estuvo de acuerdo, de modo que, esa noche, fueron al Museo de Arte y, cuando el guardián se dispuso a cerrar todo con llave, se escondieron detrás de unas cortinas. Al poco rato, se apagaron las luces. Bebé Búho y el pato salieron de detrás de las cortinas y miraron tímidamente a su alrededor. Todo estaba tan oscuro que se pusieron muy nerviosos.

—En este preciso momento no me muero de ganas por encontrarme con una voz en la oscuridad –susurró el pato.

—A mí también me da un poco de miedo –dijo Bebé Búho–, pero no te preocupes. Puedo ver muy bien en la oscuridad, de manera que, si echo a correr, haz tú lo mismo.

El pato iba recuperando lentamente su valor.

—Ya que estamos aquí, echemos un vistazo.

El Bebé Búho asintió. Se detuvieron ante los retratos de Thomas Jefferson, Thomas Paine, Benjamin Franklin y Andrew Jackson. El tiempo transcurría, pero no oían la VOZ. Se preguntaron si no se habrían equivocado de museo. De repente, Bebé Búho se quedó paralizado.

—¿Ha llegado la hora de echar a correr? –El pato susurró con aprensión.

Miró en la misma dirección que Bebé Búho para ver a qué se debía el repentino pánico de su amigo. Ambos observaron incrédulos cómo los cuerpos de Jefferson, Paine, Franklin y Jackson abandonaban las pinturas. Avanzaron, cual fantasmas, hasta rodear al pato y a Bebé Búho, que seguían paralizados.

—No temáis –dijo Jefferson amablemente.

—Estamos aquí para ayudaros, no para haceros daño.

Al pato y a Bebé Búho les pareció que ésa era una buena noticia.

—¿Fue alguno de ustedes quien nos habló hoy en el parque? —preguntó el pato tembloroso.

—Sí. Fui yo —sonrió Thomas Jefferson—. Os hemos pedido que vengáis aquí para daros las gracias.

Bebé Búho y el pato se sorprendieron.

—¡Pero si no hemos hecho nada especial! —exclamó el pato, y añadió—: ¿Por qué queréis darnos las gracias?

—Por atreveros a ser diferentes —replicó Paine.

—Cuando redactamos la Declaración de Independencia, nosotros también nos atrevimos a ser diferentes —aclaró Franklin y Paine asintió.

—Declaramos que todos los hombres son libres e iguales; nadie lo había hecho nunca hasta entonces.

—Y escribimos la Constitución para que el país creciese con ella y para que ayudase a las personas a cambiar y a realizarse en esta tierra maravillosa. —Jefferson se unió a ellos.

—Por desgracia, en la práctica, esta idea se confundió, en su mayor parte, con conseguir el éxito —puntualizó Jackson.

—Sí —dijo Paine—. El éxito pasó a ser la principal motivación... que es ganar dinero.

Jefferson movió la cabeza con tristeza.

—De modo que esta nación se ha convertido en un país de personas que no piensan en otra cosa más que en cuánto dinero pueden ganar.

—Y además hemos observado que no parecen divertirse mucho haciéndolo —añadió Bebé Búho.

—Es cierto –dijo Jackson–. Cuando perdieron el sentido de cómo realizarse, perdieron también el sentido del humor con el cual nacieron.

—¿Cómo puedo realizarme? –preguntó Bebé Búho.

—Aprendiendo a amarte a ti mismo –sonrió Franklin–. Y en la medida en que te ames a ti mismo, podrás amar a tus vecinos, a tus amigos y a todas las demás personas que hay en esta gran nación.

Bebé Búho se volvió hacia el pato:

—Quizá sea ésta la carrera que tantas ganas tenemos de hacer.

—El amor es una carrera muy buena –dijo Paine–. Cuando una persona está llena de amor, no hay lugar para el miedo.

—No lo comprendo –repuso el pato.

Jefferson sonrió.

—Imagina que eres una botella de leche. Cuando has llenado tu botella con amor, no hay lugar para nada más. Pero si esta botella no está llena de amor, empieza a llenarse de odio y de miedo.

—Y actualmente hay más temor que diversión en el modo de vida de la gente –recalcó Paine.

Jefferson, que había permanecido un rato en silencio, habló.

—No hay suficientes personas cambiando y creciendo. Están atascadas en sus moldes, y sólo unas pocas como tú, Bebé Búho, y tú, patito, os habéis atrevido a romper el molde y ser diferentes.

Franklin les sonrió alegremente.

—Te arriesgaste a no ser un búho –le dijo al búho.

—Y tú te arriesgaste a no ser un pato –afirmó, volviéndose al pato.

—Ésa es la libertad que deseábamos que el hombre encontrase –sentenció Jackson.

—Quizá sí hicimos algo especial –le dijo Bebé Búho al pato.

Benjamin Franklin los abrazó.

—Puedes estar seguro de eso, Bebé Búho. Os habéis arriesgado a ser quienes no sois, de manera que ahora podéis ser también quienes en realidad sois… un búho y un pato. Eso os hace completamente libres.

Por primera vez, Bebé Búho sintió que una descarga de energía atravesaba su pequeño cuerpo. Inspiró profundamente, erizó las plumas y pronunció las siguientes palabras:

—Libre… es lo que soy.

La cuclilla que no queria cantar cucú

Los primeros rayos del día despertaron a Tallulah, la cuclilla. Abrió los ojos, batió las alas e inspiró profundamente. Luego, como había hecho durante toda su vida, entonó su canción de buenos días.

—Cucú, Cucú –cantó alegremente desde su árbol.

A continuación, emprendió el vuelo para dedicarse a su tarea matutina de extraer un gusano del suelo para desayunar. Al hacerlo, advirtió que una nueva ardilla se había mudado al barrio.

Tallulah observó cómo la ardilla enterraba una nuez en un agujero que había cavado bajo el árbol. De repente, al darse cuenta de que la estaban observando de cerca, la ardilla levantó la vista, y cuando vio a Tallulah, sintió la necesidad de dar una explicación.

—Estoy enterrando esta nuez para tener provisiones en invierno –dijo.

Tallulah replicó de la única manera que sabía.

—¡Cucú! ¡Cucú! La ardilla pareció molesta.

—Todas las ardillas hacemos lo mismo –respondió a la defensiva–. Me parece que eres demasiado criticona llamándome Cucú.[4] Y con un furioso movimiento de la cola, trepó a un árbol a toda velocidad.

Tallulah, aturdida, se sentó un instante. Era la primera vez en su vida que alguien le decía que su pequeño canto era criticón. Al meditar sobre ello, Tallulah se dio cuenta de que, dijeran lo que dijeran, ella siempre contestaría «¡cucú!». Y admitió que, sin duda, aquello sonaba como un insulto.

De repente, aquel canto, que siempre había sido del agradado de Tallulah, ya no le gustaba. A medida que fue transcurriendo el día, más se criticaba a sí misma y menos se gustaba; cuando llegó la noche, su autoestima estaba por los suelos. ¿Por qué desde que nació sólo era capaz de entonar un canto tan estúpido como «cucú»?, se preguntaba.

En ese mismo instante tomó una decisión. Nunca más volvería a decir «cucú». Contempló su reflejo en la charca de agua y se dijo:

—Mi canto de cucú no es bello en absoluto; si vuelvo a decir «cucú», será porque me veo en la obligación de hacerlo.

A la mañana siguiente, al despertar, y por la fuerza de la costumbre, estuvo a punto de decir «cucú». Se lo tragó; luego se sentó un momento bastante acongojada. No tenía nada que cantarle al Sol matinal. Finalmente decidió

---

4. En inglés, «cucú» se escribe *Cuckooy*, y quiere decir «lelo» o «lela».

volar para cazar su gusano del desayuno, pero como ahora toda su rutina había sido alterada, no digirió nada bien el gusano. Mientras eructaba, se dio cuenta de que no podía pasar el resto de su vida sin decir nada. Necesitaba algún tipo de canto de pájaro… puesto que ella era un pájaro. Entonces, de repente, tuvo una idea maravillosa. Escucharía a los demás pájaros y si el canto de alguno de ellos era de su agrado, lo haría suyo. Este pensamiento la hizo inmensamente feliz y emprendió el vuelo para iniciar su investigación.

Primero encontró a un búho bebé en un bosque cercano. Al escuchar la historia de Tallulah, el búho bebé le dijo que la comprendía, porque, al igual que Tallulah, él había tenido problemas a causa del canto con el que le había tocado nacer. Durante mucho tiempo se había resistido a decir «uuu», pero ahora el «uuu» le resultaba natural, porque tenía un significado especial para él.

Tallulah intentó decir «uuu», pero su garganta no era tan ancha como la del bebé búho, ni tampoco su pico. El sonido que emitió fue «Wu».

—Wu, wu –cantó.

Este sonido no le gustaba demasiado, pues le parecía bastante tonto. Pero aún le parecía más tonto el hecho de que la pudieran llamar «pájaro wuwu», porque, en cierto modo, eso tenía menos dignidad que el hecho de que la llamaran «pájaro cucú».

Después de este encuentro, Tallulah entrevistó a otros pájaros, incluidos un cuervo, un arrendajo azul, un ruiseñor y muchos otros, hasta que al final se encontró con un chotacabras cuya voz estaba en su máximo esplendor ese día. Tallulah se sintió fascinada por el canto del chotacabras e intentó imitarlo varias veces. Sin embargo, la forma de su pico era un inconveniente: la primera parte le salió bien, pero la segunda fue un desastre.

Después de hablar y cantar con otros pájaros durante varias semanas, se sentó en un arce, exhausta y deprimida. Sin embargo, seguía decidida a encontrar un canto hermoso que pudiera hacer propio, incluso aunque tuviera que volar por el mundo entero.

Este pensamiento la emocionó. Decidido: volaría por todo el mundo y encontraría exactamente el canto adecuado.

Su primera escala fue Londres. Ahí, Tallulah conoció a un ruiseñor y escuchó con gran respeto y asombro la belleza de su canto.

Al final de la interpretación del ruiseñor, Tallulah le dijo lo maravillosamente bien que cantaba. El ruiseñor le dio las gracias con educación y añadió que a la mayoría de las personas les gustaba el canto de un ruiseñor. De hecho, durante la Segunda Guerra Mundial, se había escrito una canción sobre él llamada «El ruiseñor canta en Barclay Square».

Tallulah estaba muy impresionada. Nunca antes había conocido a un pájaro que saliese en los créditos, de modo que intentó imitar el canto del ruiseñor, pero no le salía tan hermoso. El ruiseñor había estado practicando esta canción desde que nació, y Tallulah sabía que, aunque estuviera entrenándose hasta el momento de abandonar este planeta, nunca conseguiría hacer realmente suyo este canto.

De manera que se alejó volando para encontrar a otros pájaros cuyas canciones fuesen más adecuadas para ella. En las islas Canarias pio con los canarios. En África chilló con los loros. Y, de regreso a Estados Unidos, cantó con las golondrinas.

Sin embargo, ninguno de los cantos de los otros pájaros encajaba realmente con ella. Ya consideraba la posibilidad de permanecer en silencio durante el resto de su vida cuando, un día, aterrizó en la rama de un olmo en California del Sur.

Empezó a hablar con un pájaro que había a su lado; se trataba de un pájaro carpintero de pecho rojo.

Le explicó al pájaro carpintero cuál era su situación y éste fue muy comprensivo. Cantó para Tallulah. Ella le dio las gracias y le dijo que aunque su canto era hermoso, no resultaba el más apropiado para ella.

El pájaro carpintero, que había viajado por todo el mundo, le habló a Tallulah acerca de un pájaro del que había oído hablar en Australia. Se llamaba ave lira. Este pájaro podía imitar a todas las criaturas vivientes e incluso a los artefactos mecánicos. Tallulah no podía creer lo que acababa de oír.

Tallulah esperó al siguiente viento de cola para volar hasta Australia en busca del ave lira. Le explicó su difícil situación a una hermosa ave lira de tonos marrones que abría las plumas blancas de su cola en abanico para que se expandieran sobre él como una glorieta.

Tras escuchar la historia de Tallulah, el ave lira le ofreció una serie de imitaciones perfectas. Aulló como una hiena, gruñó como un lobo vengativo y luego, de una forma increíble, imitó el encendido del motor de un Fiat que había estado aparcado bajo el árbol en el que charlaban.

Tallulah estaba tan impresionada que no fue capaz de pronunciar una palabra.

Y cuando el ave lira imitó el rugido de un avión que había pasado sobre sus cabezas, Tallulah cayó en la desesperación. Le dijo al ave lira que ella jamás podría alcanzar tanta perfección en sus cantos de pájaro.

El ave lira, conmovida por la desesperación de Tallulah, le confesó algo que nunca le había dicho a ningún otro pájaro: era muy desgraciada con su vida. Ni uno solo de sus cantos era propio: sólo se trataba de imitaciones. Ni siquiera tenía un «¡cucú!».

No sabía si lo natural en ella era el aullido de una hiena, el gruñido de un lobo, el motor de un Fiat o el rugido de un avión.

—No tengo identidad –le dijo el ave lira. Le confesó que sería muy feliz con un sencillo «cucú». Porque de esa manera, sabría, al menos qué pájaro era.

—Pero es que ese pájaro es tan criticón –intervino Tallulah.

El ave lira le respondió con sabiduría:

—Si no tienes intención de criticar cuando dices «cucú», ¿puedes considerarlo realmente una crítica?

—La crítica –prosiguió el ave lira–, está en los oídos de quien escucha, de manera que el problema es del que escucha, no tuyo.

Tallulah nunca lo había visto desde esa perspectiva, por lo que se quedó muy pensativa.

—Además —dijo el ave lira—, quizá a esa ardilla no le gustara tu canto, pero hay muchos otros a los que sí les gusta.

Tallulah pareció sorprendida.

—¿De quiénes me estás hablando?

—Te lo enseñaré —replicó el ave lira. Dicho esto, inició el vuelo. Tallulah la siguió.

El ave lira aterrizó en el alféizar de la ventana de una casa cercana. Tallulah se posó junto a ella.

—Mira dentro —ordenó el ave lira.

Tallulah obedeció.

—No veo nada.

El ave lira señaló con un ala.

—Ese reloj, en la pared del fondo.

—Ya he visto relojes en otras ocasiones —dijo Tallulah.

—Pero no como éste —replicó el ave lira.

En ese momento, el reloj dio las doce y, ante el más absoluto asombro de Tallulah, un cuclillo de madera salió de un salto de una ventanita en la parte superior del reloj, dijo «cucú» doce veces y luego volvió a entrar dando otro.

—¡Ese pájaro de madera está entonando mi canción! —exclamó Tallulah.

—¡Exacto! —repuso el ave lira, y añadió—: Eso significa que a los seres humanos les gusta tu canto.

—¿Cuántos relojes como ése crees que hay? —preguntó Tallulah.

—Bueno —contestó el ave lira—, a los seres humanos les gusta copiar las cosas, de modo que debe de haber miles de relojes como éste en el mundo.

—¿Eso quiere decir que hay miles de pájaros de madera que me imitan? –quiso saber Tallulah ahuecando las plumas orgullosa.

—Así es –replicó el ave lira–. He estado por ahí y nunca he visto un reloj en el que saliese un chotacabras, un ruiseñor o un ave lira de una ventanita superior y cantase su canción.

Tallulah permaneció en silencio durante un largo rato, intentando asimilar la información. De repente, comprendió la verdad. Había volado por el mundo entero; había estado intentando ser otro pájaro cuando en realidad siempre había sido hermosa tal cual era.

Entonces se dio cuenta de que el canto que le habían otorgado era el más hermoso de todos los cantos de pájaro, por la sencilla razón de que era suyo.

La más pequeña de las mariposas

Eran casi las cinco de la mañana y Torpón, el divo del Bosque, descansaba apoyado contra un árbol, exhausto por sus esfuerzos de la noche anterior. Su trabajo consistía en ayudar a las orugas a convertirse en mariposas. Al final de su metamorfosis, tenía que sacar a cada una de las pequeñas mariposas del capullo y esparcir polvo de mariposa sobre sus alas para que pudieran elevarse al viento.

Por último, les daba una palmadita en el trasero para lanzarlas al mundo. Le gustaba terminar su trabajo antes de que saliera el Sol para que las mariposas pudiesen iniciar sus nuevas y hermosas vidas al amanecer.

Al mirar a su alrededor para asegurarse de que había realizado todo su trabajo, vio a una última pequeña mariposa que todavía permanecía en su cuerpo de oruga. Era tan pequeña que no había reparado en ella. Torpón se puso en pie de un salto, corrió hacia la oruga y sacó a la mariposa de su capullo. Le empolvó las alas y, cuando estaba a punto de darle una palmadita en el trasero y lanzarla al mundo, se dio cuenta de que no había advertido qué especie de mariposa era para apuntarlo en su libro de referencia.

Miró en el libro y entonces se dio cuenta de que tenía algo triste que contarle a la mariposa.

Torpón aclaró su garganta y dijo:

—No me gusta tener que decirte esto, pero es mi trabajo. Perteneces a una especie de mariposa que vive únicamente un día.

La Mariposa Más Pequeña, que había estando batiendo las alas lentamente, preparándose para despegar, se detuvo.

—Ésas no son precisamente las mejores noticias del mundo –repuso.

Torpón asintió de un modo compasivo, musitando algo parecido a: «La vida es así, breve, a veces».

La Mariposa Más Pequeña, todavía un poco aturdida, miró con atención a Torpón.

—Ha sido una manera terrible de darme la noticia. Podrías haber empezado diciendo: «Es un día hermoso», y yo hubiese contestado: «Sí, ¿verdad?». Entonces tú podrías haber dicho: «Has llegado a un mundo maravilloso. ¡Bienvenido!», y yo te hubiese dado las gracias. Entonces, tú me habrías dicho: «Algunos de nosotros tenemos menos tiempo que otros, pero contribuimos más a embellecer el mundo». Luego, por último, me hubieses podido soltar la noticia de que sólo tenía un día para vivir.

—Podría haber dicho todo eso, pero sólo tenías un día para vivir y no quería desperdiciar tu precioso tiempo –asintió Torpón.

La Mariposa Más Pequeña reflexionó durante un instante y se dio cuenta de que Torpón tenía razón.

—Te perdono –le dijo–. ¿Qué otra cosa se podía esperar de alguien llamado Torpón?

Entonces le dijo a Torpón que, como iba a estar en el mundo sólo durante un día, quería ver tanto de él como le fuera posible, pero que no sabía por dónde empezar.

Torpón pensó un momento y luego afirmó:

—Ya que me has hecho sentir culpable de una manera tan inteligente por la forma en que te he dado la noticia, te llevaré de viaje a los lugares más apasionantes del mundo.

La Mariposa Más Pequeña batió las alas emocionada, preparándose para despegar. Entonces se dio cuenta de que ella podía volar, pero Torpón no.

—¿Cómo vamos a viajar?

—Con la mente –respondió Torpón.

La Mariposa Más Pequeña pareció confundida.

—Puedes transportar tu cuerpo hasta el lugar en el que se halle el cincuenta y uno por ciento de tu mente –le explicó Torpón.

La Mariposa Más Pequeña estaba asombrada.

—¿Quieres decir que, si pienso en un lugar, puedo trasladarme ahí? –Torpón asintió.

—Pero –continuó la mariposa–, si sólo un cincuenta y uno por ciento de mi mente está allí, ¿el resto de mí llegará también?

Torpón la miró enfadado.

—No me líes. Simplemente cierra los ojos e imagina que estás en el jardín del Palacio de Versalles, en Francia.

La Mariposa Más Pequeña cerró los ojos y pensó: Versalles. Cuando los abrió, se encontró en los Jardines de Versalles. Estaba subida en un hibisco y Torpón se hallaba a su lado.

—¡Funciona! –exclamó la Mariposa Más Pequeña.

—Por supuesto que funciona. Yo ahorro muchísimo en billetes de avión de esta manera.

La Mariposa Más Pequeña miró a su alrededor.

—Este lugar es precioso.

Torpón asintió.

—Estamos en uno de los jardines más hermosos de todo el mundo. No hay muchas mariposas nacidas en Glendale que lleguen a conocer Versalles.

De repente, el estómago de la pequeña mariposa gruñó.

—Me está entrando mucha hambre –dijo–. ¿Qué comen las mariposas?

—Estás sentado sobre tu almuerzo –replicó Torpón.

—¡Pero yo nunca sería capaz de comerme esta flor entera! –exclamó la mariposa horrorizada.

Torpón se armó de paciencia.

—No te comes la flor, tonto. Desenroscas tu trompa y bebes del hibisco –le explicó.

La Mariposa Más Pequeña siguió estas instrucciones y pronto estuvo saciada con el maravilloso néctar del hibisco.

Cuando la Mariposa Más Pequeña acabó su almuerzo, le dio las gracias a la flor.

—¿Qué te gustaría hacer ahora? –preguntó Torpón.

—Como sólo tengo un día para vivir, quiero probar todas las flores del jardín –replicó la mariposa, y emprendió el vuelo, para catar tantas flores como pudiera.

Cuando se sentó, un tanto cansada, a mordisquear un narciso, vio a una mariposa muy gorda a su lado, bebiendo de una flor.

—No quiero ser grosera, pero eres muy gorda para ser una mariposa –le dijo la Mariposa Más pequeña.

—Probablemente se deba a que no soy una mariposa –le respondió enfadado–. ¡Soy un colibrí!

—Siento haberte llamado gordo… no era nada personal. Verás, es que he nacido hoy.

—En ese caso –le dijo el colibrí–, te perdonaré por haber sido tan estúpido… tampoco se trata de nada personal.

—Me alegro de haber visto a un colibrí, porque estoy intentando conocer a todos los seres que pueda antes de que se acabe mi tiempo.

El colibrí miró a la Mariposa Más Pequeña con ojos interrogantes:

—Soy de una especie que sólo dispone de un día para vivir.

—Bueno –la consoló el colibrí–, tal como está la contaminación, tampoco habrías durado mucho tiempo.

—Cuando abandone esta vida, me gustaría saber que todos los seres que he conocido son mis amigos, así que ¿estarías dispuesto a perdonarme por el pequeño altercado que hemos tenido? –la Mariposa Más Pequeña prosiguió.

—Por supuesto –replicó el colibrí–. Como estoy todo el día batiendo las alas, a veces acabo muy cansado y malhumorado.

Luego, mirando a su alrededor para asegurarse de que nadie pudiera oírlo, el colibrí susurró:

—Y es cierto, estoy un poco gordo, incluso para ser un colibrí. –Con estas palabras, se alejó batiendo las alas.

Torpón alcanzó a la mariposa.

—¿No te gustaría ver más cosas del mundo?

—Oh, sí. Pero lo que más me gustaría sería conocer a otras mariposas. Deben de estar todavía en sus capullos, porque no encuentro a ninguna por aquí.

Torpón se rascó la cabeza.

—Quizá ese colibrí gordinflón se las comió a todas. –Su rostro se iluminó de repente–: Te llevaré a un sitio en México en el que hay más mariposas juntas que en cualquier otro lugar del mundo.

Los ojos de la pequeña mariposa se abrieron maravillados.

—Cierra los ojos y piensa en un bosque de abetos en la Sierra Madre.

La Mariposa Más Pequeña lo hizo. Cuando abrió los ojos, Torpón y ella estaban en un prado. Entonces vieron algo de lo más sorprendente: multitudes de mariposas volaban por todas partes. Había tantas en el aire que apenas se podía ver la luz del Sol. Y, por el modo en que se relacionaban al volar, parecía como si formasen puentes alados de colores aquí y ahí. La Mariposa Más Pequeña se posó sobre la rama de un abeto y observó todo esto maravillada. Mientras miraba a su alrededor, de repente, *la vio.* Ella se posó en una rama, junto a la suya. Aunque todas las mariposas eran hermosas, ésta parecía serlo todavía más; tenía algo especial. Entonces se dio cuenta de qué era eso tan especial. Se miraron durante un rato muy muy largo.

Finalmente, la Mariposa Más Pequeña habló:

—Disculpa que me haya quedado mirándote fijamente, pero eres la mariposa más hermosa que he visto jamás.

Por el modo en que se estremecieron sus antenas y sus alas, se notaba que estaba encantada.

—Taba pensando lo mi'mo de ti –dijo con un marcado acento sureño.

—Hay algo que te diría sólo si nos conociéramos mejor, pero como no tengo tiempo que perder, te lo diré ahora: te amo.

Ella lo miró durante un rato y luego susurró:

—Y yo te amo a ti.

La Mariposa Más Pequeña se estremeció de alegría.

—Dímelo otra vez.

Y ella lo hizo:

—Te amo.

La Mariposa Más Pequeña jamás había oído un acento así.

—Nadie habla con ese acento en Glendale.

—En Texas Oe'te sí, cariño. –Aleteó y replicó.

Él revoloteó hasta ella y se sentaron uno junto al otro, meciéndose con la suave brisa, disfrutando de la presencia del otro y del amor que sentían.

Finalmente, ella rompió el silencio diciendo:

—Sin duda ere' di'tinta a toda' esa' mariposa'. Tu ala' son del tono verde má' bonito que he vi'to en mi vida, y ere' mucho má' pequeña.

—¿Te molesta que sea más pequeña? –preguntó la Mariposa Más Pequeña.

—El tamaño no e' importante. Alguna' cosa' pequeña' pueden estar llena' de amor, y otra' má' grande' pueden estar vacía'.

El corazón de la Mariposa Más Pequeña dio un vuelco de alegría. Esta mariposa era sabia y hermosa.

—No te había vi'to ante' en nuestro' guateque' de mariposa' –dijo ella.

—Éste es mi primer día fuera del capullo –aclaró.

—Yo nací hace cuatro día'. ¿Te mole'ta que sea mayor? –preguntó ella.

—No importa cuánto tiempo vives, lo que importa es cuánto disfrutas –respondió la Mariposa Más Pequeña.

—Bueno, yo he hecho mucho de eso. He tenío do' marí'o –dijo ella. La Mariposa Más Pequeña se quedó boquiabierta.

—¿Sólo has vivido cuatro días y ya has estado casada dos veces?

—Eran mariposa' de la selva tropical y sólo vivieron do' día'.

La Mariposa Más Pequeña la miró con los ojos bien abiertos.

—¡¿No esperaste ni siquiera un día antes de volverte a casar?!

—Se podría decí' que tuve matrimonio' nocturno'. Cuando nací, mi mamá me dijo: «Bárbara Lou, la vida e' un vals muy breve. Así que ponte los zapato' de bailar y sal a la pi'ta».

—No hay duda de que el tuyo es un vals rápido —dijo.

Ella aleteó con una dulce sinceridad.

—Pero ahora que nos hemo' conocío, sé que he encontrao a una mariposa con la que puedo pasar el re'sto de mi vida.

La Mariposa Más Pequeña casi se atraganta.

No se sentía capaz de decirle que en menos de veinticuatro horas ella tendría que salir una vez más a la pista de baile. Sintió una oleada de tristeza. Entonces tuvo una inspiración:

—Tengo la oportunidad de viajar por el mundo entero. ¿Quieres venir conmigo? —le preguntó.

—Suena muy tentado' —dijo ella—, pero lo pasé muy mal volando desde Texa' hasta aquí. Mi' ala' e'tán absolutamente agotada'.

—No tienes que volar. Torpón conoce una nueva manera de viajar. Perdona un momento.

La Mariposa Más Pequeña voló hasta Torpón.

—Torpón, quiero que ella venga con nosotros, pero no se te ocurra decirle que sólo tengo un día de vida.

—Tarde o temprano tendrás que decírselo —repuso Torpón.

La Mariposa Más Pequeña pensó durante unos instantes.

—¿Por qué no se lo explicas tú cuando haya muerto?

Torpón le lanzó una mirada feroz.

—Realmente me estás complicando la vida. Pero si eso es lo que quieres, lo haré.

Volvieron con Bárbara Lou para que Torpón le explicara el modo en que volaban.

Ella batió sus hermosas alas con entusiasmo.

—Sin duda e' mejor que viajar con Iberia.

—Cerrad los ojos y pensad en Bali –dijo Torpón. Lo hicieron y, cuando abrieron los ojos, los tres estaban sentados sobre una roca en unas ruinas balinesas.

Había estatuas de piedra de diversos dioses y diosas. Torpón guio a las mariposas por entre las estatuas y señaló una enorme escultura de piedra.

—Eso era lo que quería que vierais.

La Mariposa Más Pequeña y su dama Monarca contemplaron la enorme talla de piedra asombradas. Se trataba de una mariposa.

—¿Por qué hicieron una estatua de una mariposa? –se preguntó Bárbara Lou.

—Los antiguos balineses la adoraban. La mariposa es un símbolo de inmortalidad –replicó Torpón.

—Tenían ba'tante sentido del humor. Las mariposa' precisamente no viven mucho tiempo.

—Y algunas menos que eso. Me pregunto si habrá alguna vez una mariposa que viva para siempre –añadió la Mariposa Más Pequeña.

—Sin duda, una mariposa de piedra –replicó Torpón.

—Una mariposa de piedra no puede sentir realmente nada –comentó la Mariposa Más Pequeña. Miró a su hermosa dama y pensó–: Prefiero sentir todas las emociones aunque sólo tenga un día para vivir.

—¿Sabes? –intervino Torpón mientras contemplaba la mariposa de piedra–. Quizá para ellos la mariposa es el símbolo de la inmortalidad porque incluso cuando su cuerpo se ha ido, su belleza perdura para siempre.

—¡Qué cosa má' encantadora ha' dicho! –exclamó Bárbara Lou, aleteando por el cumplido.

Con una timidez repentina, le dijo a la Mariposa Más Pequeña:

—¿Tú cree' que mi belleza perdurará para siempre?

—Lo hará en mi corazón –replicó la Mariposa Más Pequeña.

—¡Me siento tan dichosa de ser amada por ese par de ala' tan estupenda'! –dijo ella.

—¿Crees que soy una mariposa de buen ver? –preguntó él maravillado.

Torpón rio.

—Lo había olvidado. Ninguno de vosotros dos se ha visto antes.

Condujo a las dos mariposas hasta un pequeño espejo agrietado que había en el suelo, abandonado por alguno de esos turistas que contaminaban.

—Echad un vistazo.

La Mariposa Más Pequeña contempló su reflejo y vio en el cristal una mariposa extremadamente pequeña, cuyos colores eran hermosos. La luz del Sol, que se vertía a través de sus alas casi transparentes, daba la sensación de que emanara de él. La Mariposa Más Pequeña pensó: «Soy demasiado guapo para morir tan joven».

La Mariposa Monarca se miró complaciente y pareció satisfecha al ver sus alas de color naranja vivo, adornadas con toques negros y salpicadas de unos hermosos puntos blancos.

—No e'toy mal considerando que no llevo maquillaje.

En ese momento, Torpón observó dónde se encontraba el Sol en el cielo.

—Ha transcurrido la mitad del día. Deberíamos ponernos en marcha –le dijo expresivamente a la Mariposa Más Pequeña.

—¿Adónde nos llevarás ahora? –preguntó la Mariposa Más Pequeña a Torpón.

Torpón pensó un momento y se dio cuenta de que la Mariposa Más Pequeña no viviría para ver salir la Luna.

—¿Les gustaría a los tortolitos ver la Luna? –preguntó Torpón.

—Suena mu' romántico –dijo Bárbara Lou.

—Muy bien –replicó Torpón–. Pensad en el cosmos.

La Mariposa Más Pequeña y su amada cerraron los ojos y pensaron en el cosmos. Cuando los abrieron, los tres se encontraban muy alto, en el cosmos, entre planetas y estrellas. Ante ellos había una exquisita bola dorada de luz que Torpón identificó como la Luna. La Mariposa Más Pequeña se sintió sobrecogida por su belleza. Bárbara Lou y él cerraron las alas, luego las abrieron y rodearon de amor a la Luna.

Si en esos momentos un científico se hubiera sentado delante de su telescopio en Monte Palomar, quizá hubiese podido observar una pequeña manchita verde y una manchita naranja ligeramente más grande sobre la Luna, sin saber que se trataba de mariposas de Glendale y Texas Oeste.

Torpón explicó entonces a las dos mariposas que un lado del planeta Tierra estaba experimentando el día y la luz del Sol, mientras que el otro lado estaba sumido en la noche, con la luz de la Luna. Les dijo a ambas que estaban contemplando algo que casi nadie, excepto un astronauta, consigue ver.

Entonces Torpón le dijo a la Mariposa Más Pequeña:

—Hasta ahora has conocido a muchas mariposas y a un colibrí, pero no has visto a ningún animal salvaje. Están dispersados por todo el mundo. De modo que, para acortar el tiempo de viaje, pensad en el Zoológico de Nueva York, en Central Park.

La pareja de mariposas lo hizo, y cuando abrieron los ojos estaban sentadas en la punta de la cola de un león que dormía. La Mariposa Más Pequeña quería hablar con el león, pero como su tiempo de vida se estaba acabando a gran velocidad, no podía tener la cortesía de esperar a que despertase. De modo que tiró de un pelo de la cola del león con todas sus fuerzas.

El animal se despertó con un rugido y miró furioso a la Mariposa Más Pequeña.

—Eres demasiado grande para ser una mosca. ¿Qué diablos eres?

—Yo soy la Mariposa Más Pequeña.

El león la miró molesto.

—Y serás la mariposa más plana si vuelves a hacer eso.

—Lo siento –replicó la Mariposa Más Pequeña–, pero es que quería hablar con usted antes de marcharme.

—¿Acerca de qué? –preguntó bruscamente el león.

—Acerca de la vida. Usted es posible que viva mucho tiempo. ¿No es maravilloso?

—Mi vida es del todo irreal. Vivo en una jaula y todo lo que me rodea es falso. Rocas falsas, arroyos falsos… Dentro de poco acabaré teniendo una piel falsa –dijo el león malhumorado.

—Sí, todo es muy deprimente. No podemos esperar nada, excepto cajas de chicle y algodón dulce. –La leona se unió a él para expresar su desencanto. Miró a la mariposa–. Nunca he comido nada que se parezca a ti.

La Mariposa Más Pequeña ni siquiera tembló. Permaneció sentada sobre la cabeza del león, observándola. Los ojos del león giraron hacia arriba mientras decía:

—¿No tienes miedo?

—Debido a las circunstancias de mi vida, no tengo nada que perder. Y deseaba experimentar qué se sentía al hablar con usted. Sólo entré para decirle que lo quiero –replicó la Mariposa Más Pequeña.

—Nunca me habían dicho eso –dijo el león emocionado. Miró a su pareja–. Ni siquiera tú.

La leona señaló su entorno con la pata y exclamó:

—¡Es difícil amar en una jungla como ésta. Queremos nuestra libertad.

El león estuvo de acuerdo.

—Nuestros corazones no están aquí. Devolvednos nuestras verdes tierras de África, el cálido Sol del día y los cantos de los pájaros al amanecer.

—Y un pájaro o dos para cenar –añadió la hembra, que parecía ser la más carnívora de los dos–. Fuimos creados para vagar en las llanuras.

Los dos leones unieron las cabezas y cantaron un coro de Nacida Libre.

—Sí —concluyó papá león—, nuestros corazones no están aquí.

La Mariposa Monarca batió las alas entusiasmada: estaba captando la idea.

—Apue'to a que el cincuenta y uno por ciento de su' mente' tampoco está aquí —le susurró a la Mariposa Más pequeña.

Una luz iluminó la mente de la Mariposa Más Pequeña.

—¿Estás diciendo lo que creo que estás diciendo? Durante el resto de la tarde, la pareja de mariposas voló de jaula en jaula y descubrió que todos los animales anhelaban recuperar su libertad. El oso polar y los pingüinos suspiraban por estar en el ártico. Los leopardos, las panteras y las cebras querían estar en tierra Sumati. Y los gigantescos elefantes deseaban regresar a la India.

La Mariposa Más Pequeña les dijo a cada uno de ellos que los amaba y que esperaba que un día muy cercano…, quizá más de lo que se imaginaban, regresasen a sus hogares naturales. El mero hecho de hablar de sus deseos con la Mariposa Más Pequeña hizo que todos fueran más felices.

En su última parada, las mariposas visitaron la jaula de un lémur que se rascaba perezosamente la oreja izquierda.

—¿Te gustaría salir de aquí? —le preguntó la Mariposa Más Pequeña.

El lémur la miró sorprendido.

¿Quieres decir abandonar este lugar? La Mariposa Más Pequeña asintió.

—No quiero ir a ninguna parte —dijo el lémur.

—Aquí tengo comida gratis, servicio diario de criada y no hay leones que me puedan comer para cenar. Jamás pensaría en marcharme. Es verano y la vida resulta fácil.

Las mariposas volaron en busca de Torpón. Lo encontraron en uno de los puestos de bocadillos, abriéndose paso a través de una salchicha de treinta centímetros de longitud. Cuando le revelaron su plan para liberar a todos los animales, Torpón estuvo a punto de sufrir una indigestión. Protestó, pero finalmente cedió.

Los periódicos de Nueva York dedicaron páginas al misterio del zoo durante semanas. Nadie podía entender, ni siquiera la Policía de Nueva York y el FBI, cómo era posible que desaparecieran novecientos animales del Zoológico de Central Park de Nueva York sin dejar rastro. Pero más misterioso aún era el hecho de que el lémur no hubiera desaparecido.

Una pequeña nota a pie de página en el reportaje principal decía que el lémur había sido ingresado en el hospital por una sobredosis de algodón dulce.

El Sol ya casi se estaba poniendo cuando las dos mariposas llegaron al rincón del parque donde había nacido la Mariposa Más Pequeña. La Mariposa Más Pequeña encontró la rama que había sido su hogar mientras fue una oruga y se sentó ahí con la Mariposa Monarca. Había decidido que quería marcharse en el mismo sitio en que había llegado. Le dio las gracias a Torpón por conseguir que ese único día de su vida fuese tan maravilloso. Bárbara Lou hizo lo mismo, sin saber aún que este gran día con la Mariposa Más Pequeña había sido el primero y el último.

Torpón le indicó a la Mariposa Más Pequeña que se acercara a él. La mariposa voló hasta el dedo de Torpón. Éste le susurró con urgencia:

—Casi se ha puesto el Sol. Tienes que decírselo —añadió Torpón mientras se marchaba—. Os dejaré solos.

—¿Adónde vas, ahora que necesito tu apoyo moral?

—A borrarte de mi libro de registro —replicó Torpón.

—«Realmente tienes el don de la palabra —dijo la Mariposa Más Pequeña.

Voló hasta su dama y permanecieron juntos un instante, mirando la puesta de Sol. Ella dijo:

—Me encanta ver la pue'ta de Sol.

La Mariposa Más Pequeña asintió.

—Ésta es la primera que veo.

—Piensa en toda' la' puesta' de Sol que veremo' junto' en el futuro.

La Mariposa Más Pequeña se aclaró la garganta nerviosamente.

—Hace rato que quiero hablarte de nuestro futuro.

Ella batió las alas de un modo que revelaba cierta coquetería.

—Me encanta que mi chico me hable de nuestro futuro.

La Mariposa Más Pequeña volvió a aclarar su garganta.

—Bueno… —dijo titubeante—, lo que sucede con nuestro futuro es que… no lo tenemos.

Ella dejó de mover las alas de golpe.

—¿Acaba' de decir lo que creo que acaba' de decir?

La Mariposa Más Pequeña asintió.

—Sí… Es que no fui capaz de decirte que ibas a tener una de esas relaciones de un solo día.

—¿Está' diciendo que e'te e' tu primer y último día? –preguntó ella temblorosa.

La Mariposa Más Pequeña hizo un movimiento afirmativo con la probóscide.

Ella empezó a llorar bajito, con grandes lágrimas de mariposa, y la Mariposa Más Pequeña se unió a ella, derramando diminutas lágrimas de mariposa. Las lágrimas regaron los pequeños brotes del abeto. Luego unieron las alas y se despidieron.

Torpón apareció de repente, interrumpiendo este momento.

—Acabo de mirar el libro de consulta y me he dado cuenta de que he cometido un gran error –gritó. Se puso a bailar de júbilo.

Las dos mariposas lo miraron pasmadas y sorprendidas. Torpón continuó–: Estaba tan cansado –le dijo a la Mariposa Más Pequeña– que cuando te saqué del capullo esta mañana, pensé que eras de la especie que vive sólo un día. Tus marcas son muy similares, por eso cometí este error.

La Mariposa Más Pequeña no podía creer lo que estaba oyendo, y Bárbara Lou tampoco.

—¿Quieres decir que no voy a morir esta noche? –preguntó la Mariposa Más Pequeña.

—Sí –replicó Torpón–. Ha sido un error mío. Espero que me perdones.

En ese instante, brillaron muchas emociones en el rostro de la Mariposa Más Pequeña. Se quedó pensando en silencio durante unos instantes, y luego empezó a hablar:

—Me has hecho un gran regalo.

Torpón pareció sorprendido.

—He aprendido algo que quizá nunca habría aprendido si hubiese creído que iba a vivir mucho tiempo. He vivido este día amándolo todo y a todos. Me he sentido agradecido por cada momento de mi existencia y no he temido a ninguna criatura viviente, porque no tenía nada que perder. Así es como pienso vivir el resto de mi vida.

Se volvió hacia su amor y le dijo—: Siempre te amaré como si cada instante fuera el último.

Las lágrimas volvieron a brotar de sus pequeños ojos.

—Soy la mariposa con má' suerte de to' el mundo.

La Mariposa Más Pequeña la envolvió con sus alas.

—No, eres la segunda mariposa con más suerte.

La perrita preocupada y el grillo consciente

Dina, una lebrel, nació sin que ninguna preocupación rondara por su delicada cabecita.

Todo en Dina era delicado: sus orejas de helicóptero daban vueltas y se inclinaban al escuchar cualquier sonido fuerte y su cuerpo temblaba ante cualquier cambio repentino o inesperado en la vida.

Cerise, su dueña, sabía que Dina era una perrita delicada; por eso la protegía. Tocaba el piano con cuidado y nunca ponía la televisión muy alta. Le proporcionó a Dina una hermosa canastita con un suave colchón para que pudiera acostarse allí y sentirse segura y protegida.

Así vivió Dina su primer año de vida. Y aunque sus orejas daban vueltas cuando alguien llamaba a la puerta y su cuerpo temblaba al oír el ruido de un vehículo, vivía, hasta cierto punto, como un lebrel sin preocupaciones.

Pero la vida de Dina iba a cambiar, porque Cerise decidió que quería cambiar la suya. Cerise trabajaba en una fábrica de chocolate. Cada vez que pasaba una chocolatina por la cadena de montaje, Cerise colocaba una pecana sobre ella. Después de pasar cinco años colocando pecanas, se dio cuenta de que necesitaba tener más alicientes en la vida que esperar el próximo trozo de chocolate. Cerise advirtió que estaba en el planeta Tierra para aprender y para crecer. Si deseaba hacerlo, no podía estancarse en el chocolate durante el resto de su vida.

Un día, tomó en sus brazos a Dina y le explicó que iba a cerrar el apartamento para viajar por el mundo en busca de nuevas experiencias. Le dijo a Dina que le había encontrado un nuevo hogar muy agradable en casa de un hombre que ya tenía otro lebrel. De manera que Dina no tenía que preocuparse por nada.

Sin embargo, cuando Cerise le dijo esto, Dina se empezó a preocupar. Su cuerpo tembló, sus orejas dieron vueltas y nada de lo que Cerise dijo o hizo la tranquilizó. Dina no culpaba a Cerise por marcharse. Ella tampoco quería que Cerise se quedara estancada en el chocolate para siempre.

Sí, Dina tenía de qué preocuparse. Iba a vivir con un hombre extraño que era dueño de un perro extraño y que vivía en un lugar nuevo y extraño. Dina se preocupó tanto, que empezó incluso a preocuparse por el hecho de preocuparse. Se encontraba en un estado terrible cuando Cerise la puso en los brazos de su nuevo dueño, Aarón. Aarón fue amable con ella y parecía ser una buena persona, pero ¿y si era una buena persona *sólo* mientras Cerise estaba delante? ¿Y si se trataba de una de esas personas que parecían amables con los animales, pero luego los maltrataban cuando estaban de mal humor? Dina había visto programas en la televisión y su imaginación se disparó. ¿Y si era un vampiro al que le gustaban más los perros que las personas?

Dina era una masa de carne temblorosa y orejas que giraban cuando Cerise se marchó. Aarón la dejó suavemente en el suelo y se la presentó a su lebrel, Bixley. Bixley era un año mayor que Dina, un palmo más alto y más largo y, en aquel momento, tenía la pata delantera izquierda entablillada. Bixley parecía bastante amigable y daba la impresión de no ser muy listo. La olió y le dio la bienvenida diciéndole que se sentía feliz por tener a una amiga con la cual pasar el rato.

Gracias a la amabilidad de Bixley, Dina empezó a sentirse mejor. Bixley dijo que Aarón no les daría la cena hasta dentro de tres horas, pero que él estaba dispuesto a compartir un hueso de pierna de cordero con ella. Recogió el hueso de su canasta y lo dejó caer con la intención de dárselo a Dina. Por desgracia, Bixley era un poco miope y el hueso cayó sobre la cabeza de la perra.

Dina pegó un grito sorprendida. No se había lastimado, pero el susto hizo que apareciera el temblor de su cuerpo y aumentó el movimiento de sus orejas. Bixley le pidió disculpas.

Temblando, Dina le dio las gracias por el hueso y por la disculpa, y se retiró apresuradamente a su pequeño lecho.

Dina decidió que lo mejor que podía hacer era ponerse a dormir. Cuando empezó a quedarse dormida, el ruido de los ronquidos de Bixley la despertó. Probó a taparse las orejas con sus patas, pero esto tampoco acalló los ronquidos. Estalló en lágrimas y empezó a gemir. Los gemidos la calmaron un poco; al menos hacían que no se notara tanto el ruido de los ronquidos de Bixley. No sabía cómo iba a arreglárselas en su nuevo hogar con un dueño extraño y un perro extraño que dejaba caer huesos sobre su cabeza. De repente, exclamó en voz alta:

—¿Qué va a ser de mí? Una voz que provenía de la esquina de su camita dijo:

—Esa afirmación se basa en la inseguridad.

Dina se preocupó de verdad: ahora hasta oía voces. Una vez más, le llegó la voz.

—¿Siempre te sientes tan desvalida y desesperada?

Dina miró hacia la esquina y vio a una pequeña criatura negra. Se asustó tanto que salió de la cama de un salto, dando un ladrido tembloroso.

—No te haré daño –dijo la pequeña criatura negra.

Dina, temblorosa, se acercó a su cama y olfateó a la pequeña criatura.

—¿Eres un bicho?

—Claro que no –fue la indignada respuesta.

—Soy un grillo.

—Gracias a Dios –replicó Dina–, porque les tengo terror a los bichos. Volvió a su canasta perruna y se acostó.

—¿Cuánto tiempo has estado en esta cama conmigo?

—Sólo unos momentos. Te oí llorar y gemir. A mí me gusta ayudar a las personas que sufren tanto como tú, por eso intento que se alegren.

—¿Y cómo consigues que se alegren? –preguntó Dina.

—Toco música para ellas –replicó el Grillo.

—¿Suenas como un piano? –preguntó Dina, recordando sus días dorados con Cerise.

El Grillo reflexionó durante unos instantes.

—No, sueno más bien como la sección de cuerda de una orquesta.

Dicho esto, chirrió para ella, lo cual sonó como un gorjeo de tono alto.

—A veces hago esto durante toda la noche —confesó el Grillo.

—Este sonido consuela mucho —admitió Dina.

—Pero ¿no te aburres?

—¿Acaso te aburres tú de preocuparte?

—Ya te entiendo —dijo Dina—. Cada uno de nosotros se acostumbra a cualquier cosa que le resulte natural.

—Pero preocuparse no es natural —afirmó el Grillo—. Yo nací para chirriar... eso si es natural. En cambio, tú no naciste para preocuparte.

—A veces me pregunto por qué nací —inquirió lloriqueando Dina.

—Naciste por la misma razón por la que nacieron todos los demás en la Tierra: para aprender y crecer.

—Pero yo no he crecido —se lamentó Dina.

—Yo fui la más pequeña de la camada. —Y luego, mirando al Grillo, añadió—: Y tú, por lo que veo, tampoco creciste mucho.

—No estoy hablando del crecimiento del cuerpo —dijo el Grillo impaciente—. Yo soy grande por dentro.

—¿Qué significa eso? —preguntó Dina.

—Aprendí a quererme. Estoy lleno de amor, de alegría, de felicidad... y no me preocupo —replicó el Grillo.

Diana miró al Grillo con gran interés:

—¿Cómo aprendiste a hacer eso?

65

—Confiando en mi Grillo Superior —replicó el Grillo.

Dina miró al grillo confundida.

—¿Tienes un Grillo Superior?

—Sí —contestó el grillo—, al igual que tú tienes un Lebrel Superior.

Dina no podía creer lo que sus orejas giradoras estaban escuchando.

—¿Estás diciendo que tengo un Lebrel Superior que es grande y fuerte y que no se preocupa por nada?

—Estás empezando a comprender —asintió el Grillo.

Dina movió lentamente la cabeza de lado a lado.

—Me resulta difícil de creer.

—Todo el mundo en este planeta tiene un Yo Superior. El truco está en aprender a confiar en él.

—Pero si yo ni siquiera confío en mí misma —dijo Dina—. ¿Cómo puedo confiar en un yo al que no puedo ver?

—Quizá yo pueda ayudarte —gorjeó el grillo con suavidad.

—¿Por qué querrías ayudarme? —preguntó Dina.

—Porque te amo —respondió simplemente el grillo.

Dina miró al Grillo con desconfianza.

—El matrimonio está descartado.

El grillo rio.

—Cuando alguien se ama a sí mismo plenamente, también puede amar a todo el mundo. Así es como yo te amo.

Dina movió la cabeza poco convencida.

—Va a ser una tarea difícil. ¿Qué quieres a cambio?

—Nada —dijo el Grillo—. Sin términos, sin condiciones.

Dina se quedó muy pensativa. Cerise la había querido, pero tenía términos y condiciones. Había insistido en que Dina se sentara y rodara. Era estúpido, pero Dina lo hacía por complacer a Cerise. Además, le daba más galletas por hacerlo. Ahora tenía aquí a un extraño grillo que la quería y estaba dispuesto a enseñarle a amarse a sí misma y a confiar en sí misma sin pedir nada a cambio.

Evidentemente, era difícil confiar en alguien así. Dina miró al grillo con desconfianza. No obstante, decidió aceptar su oferta.

—¿Qué es lo primero que tengo que hacer? –preguntó.

—No tienes que *hacer* nada –replicó el grillo. «Vivir no es *hacer*. Es *ser*».

—¿Cómo voy a ser una lebrel que no se preocupa? –preguntó Dina confundida.

—Simplemente dejando de preocuparte –contestó el grillo–. Si has de preocuparte, adelante, preocúpate; al final no te quedará nada de qué preocuparte.

Esto era demasiado para Dina. El grillo le estaba dando dolor de cabeza. Para escapar del grillo y del dolor de cabeza, se quedó dormida. Aquella noche tuvo un sueño que iba a cambiar su vida.

Pidió ver a su Yo Superior; en cuanto lo hizo, se convirtió en una lebrel que abarcaba todo el espacio. Era las estrellas del cielo y la Luna creciente; era la Tierra y todos los demás planetas: la Vía Láctea se convirtió en un enorme hueso que ella tenía en la boca. Entonces miró hacia abajo y vio a Bixley. Consciente, Bixley era mucho más grande que ella, pero para su Yo Superior, Bixley era como un diminuto perrito de juguete. Dina abrió la boca y dejó caer la Vía Láctea sobre la cabeza de Bixley, que quedó plano como una hoja de papel sobre el suelo. Ladró con alegría. Su ladrido llenó el cosmos: fue poderoso, fuerte y gozoso. Cuando dejó de ladrar, sucedió algo peculiar: el ladrido continuó y se fue haciendo cada vez más potente. Entonces se despertó con un terrible dolor en el oído izquierdo.

Descubrió que Bixley le estaba ladrando en la oreja.

—¿Qué diablos haces? –le preguntó con brusquedad.

Bixley, sorprendido ante su enojo, retrocedió apresuradamente.

—Sólo estaba ladrando los buenos días.

¡Dina estalló!

—Tengo algo que aclararte… No es mi intención ofenderte, pero tú no eres tan sensible como yo. Y si quieres que seamos amigos, tendrás que ser más cuidadoso conmigo.

—Oh, claro –dijo Bixley tragando saliva.

—Y si vuelves a olvidar que soy sensible, ¡dejaré caer un hueso cósmico sobre tu cabeza! Bixley la miró fijamente durante un instante; luego se retiró de manera apresurada a su lecho perruno.

—¡Bravo! –exclamó una voz detrás de ella. Dina dio un salto y se giró, pero no vio a nadie.

—Estoy sentado en tu cola –aclaró el Grillo.

—¡Me has asustado! –dijo Dina–. Cuando no te vi por aquí esta mañana, pensé que te habías marchado.

—Acabo de regresar –repuso el grillo–. Anoche decidí explorar la casa. Luego me perdí en el tubo del aire acondicionado.

—¡Qué horrible! –exclamó Dina.

Dina abrió la boca para seguir hablando y el grillo le leyó la mente.

—No, no me preocupó perderme. La vida es una serie de tubos de aire acondicionado. Van en todas direcciones, y si te pierdes, te sientas tranquilamente hasta que tu Yo Superior te diga cuál es la salida.

Dina estaba asombrada.

—Podrías haber muerto ahí dentro…. ¿y no te preocupaste? ¿Fuiste capaz de permanecer sentado en silencio durante toda la noche?

—En realidad, no estuve en silencio –confesó el Grillo–. Me aburría tanto que chirrié durante toda la noche. Luego, por la mañana, vi que entraba la luz por una de las aberturas y me arrastré hasta el exterior.

—¡Eres sorprendente! –exclamó Dina.

—Tú también –dijo el grillo.

—¿Qué quieres decir? –preguntó Dina.

El grillo bajó de un salto de la cola de Dina y dio la vuelta para colocarse delante de ella; así podía verla cara a cara.

—Por el modo en que le hablaste a Bixley hace un momento.

Dina reflexionó durante unos instantes.

—Tienes razón –repuso–. Ayer no me hubiese atrevido a hablarle de ese modo.

El grillo sonrió.

—Probablemente conociste a tu Yo Superior en un sueño.

—Así es –asintió Dina.

—Y te sentiste poderosa. Normalmente te habrías preocupado por lo que Bixley hubiese pensado de ti si le hubieras hablado de ese modo –dijo el grillo.

—Pues es verdad –admitió Dina–. Le eché un rapapolvo y no me preocupó ni por un instante lo que él pudiera pensar de mí.

El grillo asintió en señal de aprobación.

—Ése es tu primer paso hacia la autoestima.

—¿Necesito autoestima? –preguntó Dina.

—Toneladas de ella –contestó el grillo–. Cada vez que te arriesgas a decir o hacer algo que no has hecho antes, ganas autoestima y te quieres más. La autoestima total consiste en quererte mucho.

Las arrugas de preocupación empezaron a desaparecer de la frente de Dina y pareció ser realmente feliz por un instante.

—Me pregunto si me hubiese querido más de haber mordido a Bixley.

El grillo sonrió.

—Es mejor que el riesgo que corras sea positivo. En tu caso, es necesario que te arriesgues al cambio, porque el cambio es lo que más te preocupa.

Dina asintió ante la verdad de estas palabras.

—Voy a empezar a arriesgarme a los cambios –repuso decidida.

El sonido del teléfono los interrumpió. Aarón salió del baño corriendo, secándose con una toalla al mismo tiempo. Levantó el auricular. Eran su madre y su padre. Le preguntaron si le gustaría ir a visitarlos a Carmel durante unas semanas. Aarón dijo que le encantaría. Aquella época era especialmente buena para hacer las maletas y partir. Un grillo se había quedado atrapado en el aire acondicionado y su chirrido lo había mantenido despierto toda la noche.

—Quizá, para cuando regrese ya haya encontrado el camino de salida –afirmó Aarón esperanzado.

El grillo y Dina se sonrieron.

Aarón continuó hablando por teléfono.

—Traeré a Bixley. Por cierto, tengo una nueva lebrel llamada Dina. ¿Os importa que la lleve también a ella?

—¡Qué bien! –exclamó–. Los meteré en el coche y mañana estaremos ahí.

Dina estaba asustadísima. Apenas había empezado a acostumbrarse a su nuevo hogar y ya la iban a llevar a Carmel. Su cuerpo empezó a temblar y sus orejas, a dar vueltas.

—Tranquila –intentó calmarla el grillo–. Recuerda lo que acabas de decir acerca de arriesgarte al cambio.

—Decirlo y hacerlo son dos cosas distintas –se quejó Dina.

—Pídele a tu Yo Superior que te ayude a asumir este riesgo sin miedo.

Dina lo hizo e, inmediatamente, su cuerpo dejó de temblar y sus orejas cesaron de dar vueltas.

—Esto funciona –ladró Dina alegremente.

—Claro que funciona –dijo el grillo–. Y cada vez que superas el temor a correr un riesgo, tu autoestima aumenta.

Dina empezó a captar la idea.

—Y cuanta más autoestima tenga, más me querré a mí misma.

—Exacto.

—¿Qué es lo contrario del amor? –preguntó el grillo de repente.

—El odio –replicó Dina al instante.

El grillo movió la cabeza negando.

—No. Lo contrario del amor es el miedo.

Dina pareció sorprendida.

—Imagínate que eres una botella de leche –le dijo el grillo–. Ahora imagínate que tu botella está llena de amor. Si tu botella está llena de amor, no hay sitio para el miedo. En cuanto empiezas a preocuparte o a dudar de ti misma, tu amor disminuye, con lo que deja lugar al miedo, que puede entrar en la botella.

En ese momento, Aarón entró en la habitación con una maleta en la mano. Miró a Bixley y a Dina.

—Muy bien, pandilla –dijo–, todo el mundo al automóvil. –Salió por la puerta delantera y Bixley lo siguió inmediatamente tras recoger su hueso.

Dina se quedó paralizada. Su cuerpo empezó a temblar, y sus orejas, a dar vueltas.

—¿Qué pasa? –preguntó el grillo.

—Supongo que mi botella se ha vaciado –contestó Dina.

—Eso les sucede incluso a los mejores –repuso el grillo alegremente.

—Pero a mí me ocurre con tanta rapidez… No soy más que miedo instantáneo.

—Lo más importante para aprender a amarte es ser amable contigo misma. No te juzgues –afirmó el grillo suavemente.

Dina miró al grillo esperanzada.

—¿Todavía piensas que tengo posibilidades de amarme a mí misma?

—Por supuesto que sí –le aseguró el grillo.

—Roma no se construyó en un día… ni tampoco el lebrel.

—¿Vendrás a Carmel conmigo? –le suplicó Dina–. Si no lo haces, jamás lo conseguiré.

Aarón reapareció en el umbral.

—¡Dina! –ordenó–. ¡Dina, vamos!

—Me gustaría acompañarte, pero no tienes suficiente pelo para esconderme.

Dina se empezó a preocupar.

—Intentemos resolver este problema –dijo el grillo levantando la pata delantera para rascarse la cabeza–. ¿Te importa si monto bajo tu collar? Dina se lo pensó.

—No me entusiasma tener un insecto debajo de mi collar, pero sería peor que se quedase aquí.

El grillo subió a la espalda de Dina de un salto y se deslizó bajo su collar. Enseguida ella corrió hacia el vehículo para unirse a Aarón y Bixley.

En el camino a Carmel, Dina se sentó en el asiento trasero.

Se pasó el viaje mirando por la ventana, fascinada, impresionada por el escenario. Se volvió hacia Bixley, que yacía a su lado en el asiento, medio dormido.

—¿No es sencillamente hermoso? –le preguntó a Bixley.

—¿Qué es hermoso? –Bixley abrió un ojo.

—El paisaje –replicó Dina–. ¿Qué te parece?

Bixley bostezó y respondió:

—Hay mucho paisaje. –Y volvió a cerrar el ojo.

Dina se lo quedó mirando.

—Bixley, ¿alguna vez te preocupas por algo?

Bixley volvió a abrir un ojo.

—Sólo cuando estoy despierto.

Dicho esto, cerró inmediatamente el ojo y empezó a roncar.

—Nunca aprenderá a quererse –le comentó Dina al grillo.

—¿Recuerdas lo que te dije acerca de no juzgarte?

—No me estaba juzgando. Estaba juzgando a Bixley –replicó Dina.

—Bueno, ciertamente no aprenderás a amarte a ti misma si juzgas a los demás. Bixley es como la mayoría de las personas que permanecen dormidas para escapar de la pesadilla en la que viven. –Dina se quedó pensativa.

—¿Estás diciendo que, incluso cuando creemos que estamos despiertos, en realidad estamos dormidos? –El grillo asintió.

—¿Cómo podemos despertar? –preguntó Dina.

El grillo asomó la cabeza por debajo del collar para ver algo del paisaje.

—Aprendiendo de la experiencia, en lugar de intentar escapar hacia la inconsciencia.

Dina movió la cabeza un tanto aturdida.

—No estoy segura de comprenderlo.

—No tienes por qué comprenderlo todo en cuanto te lo dicen –afirmó el grillo suavemente.

—En cualquier caso, aprender algo racionalmente no te hace ningún bien. Tienes que aprenderlo con el corazón y hacerlo tuyo.

Aunque Dina apreciaba los esfuerzos que el grillo hacía por enseñarle, en esos momentos se sentía abrumada.

Aarón se detuvo de improviso en un área de servicio y le dijo a Dina que podía salir con él.

Los sonidos y los olores nuevos de un lugar distinto hicieron que Dina empezara a temblar, y sus orejas a dar vueltas. Recordando los consejos del grillo, solicitó a su Lebrel Superior que la ayudase a serenarse y, en cuestión de segundos, su cuerpo y sus orejas se calmaron. La pata dolorida de Bixley no le permitió acompañar a Dina y a Aarón. Dina se sintió afortunada porque le gustaba que Aarón le prestase atención.

Abandonaron el área de servicio, entraron en el automóvil y aceleraron por la autopista hasta llegar a la línea costera de California.

Pasaron delante de las amapolas californianas y de los campos amarillos de mostaza salvaje.

Todo estaba verde, al igual que en Seattle, pero el Sol era cegador. Dina, acostumbrada a vivir en espacios cerrados, entornó los ojos y empezó a temblar una vez más.

Pasaron por Sunnyvale, por Watsonville… incluso por un pueblo llamado Prunedale. Las orejas de helicóptero de Dina giraron de alegría. ¡Qué nombre tan gracioso! Su cuerpo se puso a temblar de nuevo, pero esta vez, Dina se dio cuenta de algo. Sus orejas no daban vueltas ni su cuerpo temblaba porque ella tuviera miedo; de hecho, estaba disfrutando muchísimo del viaje. Se dio cuenta de que la alegría y el entusiasmo la hacían temblar tanto como el miedo. ¿Qué iba a hacer? ¿Pasar el resto de su vida temblando de alegría, de emoción y de miedo? Empezó a preguntarse si estaría preparada para el mundo. Contempló a Bixley, que dormía con placidez mientras ella estaba ocupada ordenando sus sentimientos, con una cierta envidia. Entonces recordó las palabras del grillo: Bixley se pasaba casi todo el tiempo dormido para escapar de la pesadilla en la que vivía.

De repente lo comprendió. Dijo en voz alta:

—Estar despierto significa estar vivo. La alegría, el miedo y la duda son parte de la vida.

—Lo has comprendido, nena –gorjeó una voz que no había oído desde hacía un rato.

—¿Dónde has estado? –le preguntó Dina al grillo.

—He estado montado en la radio del coche de Aarón –replicó el grillo–. Las vibraciones hacen que me sienta bien.

—Me alegro de que estés de vuelta. No parece que me vaya muy bien. Tengo tanto miedo como el día en que te conocí.

—¡Ah! –exclamó el grillo–, pero hay una diferencia. Reconoces el miedo y estás dispuesta a superarlo. Como ya dije, sigue llenando tu botella con amor hacia ti misma y no habrá lugar para el miedo.

—Lo intentaré –suspiró Dina. No habían transcurrido más de quince minutos cuando Dina fue puesta a prueba.

Aarón detuvo el coche en el estacionamiento de una playa, cerca de la costa. Bixley seguía cuidando de su pata herida, de modo que Aarón invitó a Dina a correr por la playa con él.

Dina salió del vehículo con cautela. Nunca antes había estado en una playa. Mientras caminaban en dirección a la arena, vio una línea de margaritas plantadas al final del estacionamiento. Mordió una porque le pareció muy hermosa y tentadora. Pero su sabor era amargo, de modo que la escupió haciendo una mueca.

—La vida es amarga —concluyó en voz alta.

—No —la corrigió el grillo—, la margarita es amarga. Si hubieses mordido una papaya habrías llegado a la conclusión de que la vida es dulce. La vida simplemente *es*, y si emites juicios acerca de aquello que muerdes, no estás en armonía, y cuando no estás en armonía no sientes amor hacia ti misma.

—Me vas a provocar otro dolor de cabeza —dijo Dina.

En ese momento, Aarón tomó a Dina en sus brazos y la llevó al agua con él. Las olas que golpeaban contra la orilla perturbaron a Dina. Y cuando él la dejó en la orilla, una pequeña y helada ola la salpicó y la congeló hasta los huesos. Regresó corriendo a la playa y se refugió junto a un gran canto rodado. Se apoyó contra él para mantener el equilibrio de su cuerpo tembloroso, pero no funcionó. Sus piernas cedieron y cayó temblando en la arena.

—No estoy mejorando —se quejó al grillo.

—Durante todo el tiempo que he estado en el agua he pasado miedo. No importó cuántas veces me dije a mí misma que me quería.

—Eso es porque no te lo creíste —replicó el grillo—. Para ti, amarte no es más que una idea. No lo sientes con el corazón ni lo crees.

—¿Llegaré alguna vez a creer con el corazón que me quiero a mí misma?

—Sí, en cuanto estés dispuesta a confiar —dijo el grillo suavemente.

—¿Confiar en qué? —preguntó Dina mientras intentaba calentarse enterrándose en la arena.

—En el Poder Superior —replicó el grillo—. La poderosa fuerza creadora que hizo de ti una lebrel y de mí un grillo.

—Si es *tan* creadora —repuso Dina—, ¿por qué hizo de mí una miedica en lugar de una lebrel fuerte?

—Como ya he dicho —sonrió el grillo—, estás en este planeta para aprender y crecer. Aprender a amarte a ti misma impedirá que tengas miedo.

No tuvieron tiempo para continuar conversando, ya que apareció Aarón, quien secó a Dina con una toalla y la llevó de vuelta al coche.

—Ya te acostumbrarás a la arena y al agua —le dijo dulcemente a Dina.

Dina sintió que se trataba de algo más profundo que eso. ¡Tenía que acostumbrarse a vivir!

Esa misma tarde llegaron a casa de los padres de Aarón. Dina continuaba llenando de amor su botella para no temblar demasiado de miedo cuando la madre de Aarón la levantó del suelo.

—¡Qué perrita más adorable! —dijo—. Y mira cómo mueve las orejas. Nunca había visto una cosa igual.

Todos rieron.

—He notado que lo hace siempre que está preocupada o ansiosa – repuso. Le dio unas palmaditas cariñosas hasta que dejó de temblar.

Dina estaba muy avergonzada. El hecho de temblar y de mover las orejas delataba su miedo ante todo el mundo. Intentó controlar su cuerpo para que dejara de temblar y convencer a sus orejas de que se quedaran quietas. Finalmente consiguió ambas cosas. La madre de Aarón la dejó en el suelo y el padre puso un plato de comida para perros delante de ella y de Bixley. Ambos ladraron agradecidos.

Más tarde, esa misma noche, mientras estaba acostada tranquilamente en una cama para perros que Aarón había traído, le dio las gracias al grillo, que se encontraba sentado en su colchón estirando y frotándose las patas.

—En realidad, hoy no lo he hecho tan mal –admitió ella.

—Lo has hecho muy bien –dijo el grillo buscando a su alrededor el aire acondicionado. Había decidido que le gustaba el sonido de su voz amplificada por los conductos del aire acondicionado. Parecía toda una orquesta y hacía que se sintiera bien. Miró a Dina, pensativo.

—Creo que estás preparada para correr un riesgo consciente.

—¿Qué es eso? –preguntó Dina.

—Eso es arriesgarse deliberadamente a hacer algo que nunca antes te habías atrevido a hacer.

—No creo que me atreva siquiera a pensarlo –dijo Dina.

Sin embargo, al día siguiente por la tarde, se le presentó de manera inesperada esa oportunidad. Aarón llevó a Dina de paseo para conocer Carmel. El hecho de olfatear un montón de olores nuevos y extraños en una calle no conocida, en una ciudad que no le resultaba familiar y con un dueño al que todavía no se había acostumbrado del todo hizo que Dina empezara a temblar y a hacer girar las orejas al instante. Temblaba tanto que casi tira al grillo, quien estaba bajo su collar.

—Pídele a tu Yo Superior que te ayude a llenarte de amor –le recordó el grillo.

Dina lo hizo y notó que se tranquilizaba cada vez más. Cuando habían andado unas cuantas calles ya casi estaba serena; habría podido mantenerse así el resto de la noche si Aarón no hubiese tomado una decisión repentina. Se dio cuenta de que estaba muy hambriento e hizo una parada en un conocido restaurante de Carmel. Como sabía que no dejarían entrar a Dina, la escondió dentro de su voluminosa cazadora. Luego entró en el restaurante con la lebrel oculta.

Una vez sentado, Aarón sacó a Dina rápidamente de su cazadora y la colocó en un banco junto a él. Dina asomó la cabeza con cuidado por encima de la mesa y miró a su alrededor.

Había velas en todas las mesas, lo cual le daba un aire romántico al lugar. Sin embargo, para la naturaleza nerviosa de Dina, las velas sencillamente distorsionaban todos los rostros, que de este modo se parecían a los demonios que ella veía en sus pesadillas cuando comía demasiados huesos de leche.

Entonces, al mirar en dirección a la mesa que estaba delante de ellos, se quedó boquiabierta. A pesar del parpadeo de las velas, reconoció al hombre que estaba sentado a tan sólo un metro de distancia. Era Clint Eastwood.

Cerise y ella lo habían visto muchas veces en la televisión. Diana le susurró con rapidez al grillo que saliera de debajo de su collar y le echara un vistazo. El grillo también reconoció a Clint Eastwood porque había vivido en el sistema de aire acondicionado de una plataforma de sonido de la Warner Bros y había estado presente en dos de sus filmaciones. Dina le dijo al grillo que siempre había sido una admiradora de Clint Eastwood y que siempre había deseado secretamente conocerlo.

—He aquí tu oportunidad –dijo el grillo.

—¿Qué quieres decir? –preguntó Dina nerviosa.

–Ésta es tu oportunidad de arriesgarte conscientemente –aclaró el grillo.

Dina estaba pasmada.

—¿Quieres decir que debería acercarme a su mesa y presentarme?

—Exacto –repuso el grillo–. Ésta es tu gran oportunidad de hacer algo que nunca te habrías atrevido a hacer.

—Olvídalo –dijo Dina–. Sigo sin atreverme a hacerlo.

El grillo insistió:

—¿Qué es lo peor que te podría pasar?

Dina pensó durante un momento en su interpretación de Harry el Sucio.

—Podría pegarme un tiro.

—Eso no es más que un papel que ha interpretado en el cine –dijo el grillo.

—¿Y si ha acabado creyéndose su personaje?

—Estás inventando cosas para asustarte a ti misma —dijo el grillo.

—Pero el camarero podría echarme —protestó Dina—. Y, además, haría que Aarón se avergonzara de mí.

—Respira profundamente —le ordenó el grillo, llénate de amor y tu temor de conocer a Clint Eastwood desaparecerá.

Dina hizo lo que le pidió el grillo y, ciertamente, se sintió más fuerte por dentro.

—Creo que iré hasta él —susurró Dina.

Antes de que Dina pudiera cambiar de opinión, el grillo salió de un salto de debajo del collar de Dina, pegó un brinco hasta el final de su cola y la mordió.

Sobresaltada, Dina dio un salto desde su asiento y se encontró delante de dos grandes botas de vaquero.

Le lanzó una mirada furiosa al grillo.

—Vuelve a hacerlo y perderás tu viaje gratis bajo mi collar. —Luego se ocultó debajo de la mesa.

A esas alturas, las orejas de Dina ya habían empezado a dar vueltas y su cuerpo a temblar.

—Está bien, esto ha ido demasiado lejos —le dijo al grillo—. Regresaré junto a Aarón.

—No, no lo harás. Salta hasta la silla que hay junto a él y preséntate —la animó el grillo.

Dina miró a Clint, que era varios perros más alto que ella.

—No puedo. No lo haré. No puedo —dijo Dina—. Ni el propio Dios podría conseguir que lo hiciera.

En ese momento, el camarero dejó caer una enorme bandeja llena de platos a tan sólo un palmo de distancia de Dina. Dina dio un salto mortal y cayó en la silla que había junto a Clint.

—Dios obra de maneras misteriosas –dijo el grillo.

Clint Eastwood se sobresaltó tanto como ella y dejó de hablar con el hombre que lo acompañaba. Se volvió y vio a una diminuta y temblorosa lebrel con unas orejas que daban vueltas. Le sonrió y luego extendió la mano para acariciarla. Dina le lamió la mano.

—¿De dónde has salido, pequeña?

Dina estaba demasiado aturdida como para oírlo. También estaba confundida por el hecho haberle lamido la mano a Clint Eastwood.

Clint se volvió hacia el hombre que había a su lado, que era su agente, y dijo:

—Es mona, ¿verdad?

El hombre sonrió y asintió mostrando su conformidad.

—Mira cómo se mueven sus orejas. Nunca había visto una cosa igual.

Clint Eastwood asintió.

—¿Sabes? –dijo pensativo–, he estado buscando un perro para mi próxima película. No había pensado en un lebrel, pero ese truco de las orejas que dan vueltas realmente podría enganchar a los espectadores.

Su agente estuvo de acuerdo.

Clint se volvió hacia Dina y le preguntó:

—¿Te gustaría ser una estrella de cine, jovencita?

Dina no podía creer lo que oían sus orejas giradoras. En ese momento, Aarón descubrió la ausencia de Dina, por lo que se puso en pie de golpe.

—Siento que mi perra lo haya molestado, Sr. Eastwood. –La cogió en sus brazos.

Clint sonrió.

—¿Le gustaría que trabajara en mi próxima película? Aarón no podía creer lo que acababa de oír. La única diferencia con Dina fue que sus orejas no dieron vueltas.

—Pues, sí. Por mí no hay problema si Dina está de acuerdo.

—¿Alguna objeción a convertirte en una estrella de cine, Dina?

Dina lo miró sin poder pronunciar ni un ladrido.

El grillo le hizo cosquillas en la oreja. Dina movió la cabeza como si dijera que no con la intención de hacerlo caer. Aarón, Eastwood y su agente rieron.

—Es bastante lista, o de lo contrario, usted nunca hubiese podido enseñarle a mover la cabeza de ese modo —dijo Eastwood. Señaló al hombre que había a su lado—: Déjele su número de teléfono a Harry y él se pondrá en contacto con usted.

Una vez fuera del restaurante, Aarón dejó a Dina en el suelo para que caminara de regreso a casa. El cuerpo de Dina temblaba tanto de emoción que a duras penas consiguió mantenerse en pie.

—Voy a ser una estrella de cine —le dijo con voz entrecortada al grillo.

—¿Ves lo que sucede cuando superas el miedo? —respondió el grillo—. Quizá incluso consigas dejar las huellas de tus patas en Grauman's Chinese, junto a las de Lassie.

Las orejas de Dina empezaron a dar vueltas. El grillo la miró con curiosidad.

—¿Qué es lo que te preocupa ahora?

—Nunca he tomado clases de interpretación —repuso Dina preocupada—. ¿Y si fracaso?

—Aun así estarás mejor que ahora —afirmó el grillo—. Solías preocuparte porque no eras nadie y ahora podrás preocuparte porque eres alguien.

—¡Oh, Dios mío! —exclamó Dina—. Iré a Hollywood. Estaré completamente sola en la ciudad del oropel —gimió.

—No estarás sola. Yo estaré contigo.

—¿De verdad? –preguntó Dina algo más reconforta-
da–. Pero ¿qué harás tú en Hollywood?

El grillo extendió la pata delantera.

—Dale la mano a tu nuevo representante.